Fabrice Hadjadj
Fabrice Midal

¿QUÉ ES LA VERDAD?

Fabrice Hadjadj
Fabrice Midal

¿QUÉ ES LA VERDAD?

Prólogo
Enrique García-Máiquez

Traducción
Carlos Esteban

BIBLIOTHECA
**HOMO
LEGENS**

BIBLIOTHECA**HOMOLEGENS**

© 2026 Fabrice Hadjadj y Fabrice Midal
© Editorial Ivat S.L., 2026
Calle Nicasio Gallego 9
28010 Madrid
www.homolegens.com

2ª edición: febrero 2026

Título original: Qu´est-ce que la vérité? (2010)
Traducción: Carlos Esteban
Prólogo: Enrique García-Máiquez

ISBN: 979-13-88176-03-6
Depósito legal: M-4414-2026

Maquetación: Juan Pablo Perabá
Diseño de portada: Alex H. Poles

Impreso en España - Printed in Spain

ÍNDICE

¿QUIÉN ES LA VERDAD?

En honor a la verdad, hay que partir de la pregunta del título de este libro para no llevarnos a engaño. Es posible, si no, que el lector que acudió a estas páginas siguiendo la saludable e imperiosa costumbre de leerse todo lo que sale de la pluma de Fabrice Hadjadj se quede con la sensación de haber alcanzado sólo la mitad de su objetivo: un Fabri Jadj. En cambio, si se toma en serio el reto que plantea el título, *¿Qué es la verdad?*, se dará cuenta de que se ha llevado a las manos un libro redondo.

Que es una mesa redonda. Estas páginas recogen la celebración de una *disputatio* al estilo medieval entre el ya mentado Fabrice Hadjadj y Fabrice Midal, experto francés en budismo, celebrada en 2010 en la ciudad de Ruán y organizada por la asociación Disputatio y el Centro Teológico Universitario, durante las Fiestas Juana de Arco, nada menos. A los hadjadjadianos quizá nos fastidie a bote pronto ese protagonismo compartido con el tal Midal y con los moderadores del debate. Sin embargo, Hadjadj también es un Hadjadj con todas sus jotas y haches aspiradas cuando escucha y cuando pregunta. Y así nos da la primera lección: la verdad es tan grande que nadie la abarca del todo. Hay que buscarla con (en, entre, bajo, alrededor de) los demás.

Eso exige sacrificios también en el tono: en estas páginas encontraremos a un Fabrice menos febril, más comedido en sus habituales juegos de palabras (aunque los tiene jubilosos) y menos suelto en sus exuberantes digresiones. Escuchar —nos dice sin palabras, escuchando— exige mucha entrega de uno mismo. Se le nota que ha clamado el mismo *miserere* que él proclama necesario: «A menudo, filósofos y teólogos deberíamos entonar este *Miserere*: "¡Señor, perdónanos por haber hablado de ti como de una abstracción! Haz que en mi boca no se oiga una dialéctica, sino un diálogo. Haz que no dé solo la impresión

de un profesor, sino también la de un enamorado"».

Philippe Maheut, vicario general de la diócesis de Ruán, advierte oportunamente en las palabras preliminares: «La verdad se obtiene en los
rostros concretos que se miran y a través de voces
que se escuchan. Es precisamente eso en lo que
consiste una *disputatio*, que reúne cara a cara a dos
protagonistas que no pueden avanzar juntos sino
a costa de la mirada y de la escucha. Más incluso que ser un medio pedagógico debido al genio
de la Edad Media, la *disputatio* es un camino a la
verdad porque pone cara a cara rostros y voces».

Pondera Hadjadj esta importancia con
una de sus frases rotundas y memorables: «La voz
es la palabra hecha carne y la expresión de una
persona». Más adelante se hace y nos hace una
advertencia que estas páginas no perderán jamás
de vista: «Si la respuesta a la pregunta nos llevara
a un sistema universal que anulara las singularidades, si la verdad correspondiera a una gran inteligibilidad anónima que aboliera la consistencia
de las personas, estaría falseada desde el origen».

Enseguida reconocemos que Midal tiene,
además, sus momentos. Como no lo esperába-
mos, nos regocijan como un regalo sorpresa. Por

ejemplo, cuando habla de que sólo la poesía dice la verdad en cuanto que integra la voz del poeta como elemento esencial de su discurso. Píndaro sabía que, como poeta, era un súbdito de la Reina Verdad.

Midal también nos regala una maravillosa etimología del término griego «*aletheia*». Se traduce demasiado de prisa por «verdad», pero originariamente significa «sin Leteo». «Leteo es, en la mitología griega, el río donde las almas, al beber de sus aguas tras la muerte, pierden contacto con lo que fueron. Pierden la relación con la memoria. Ser tocado por las musas es ser «a-leteado»: recordar lo que es, verlo vivo en sí mismo. [...] Somos tanto más lo que somos en la medida en que decimos la verdad», constata.

Poesía, memoria, voz y diálogo cara a cara como presupuestos de la verdad. No es extraño, por tanto, que Fabrice Midal concluya: «No puede tener relación posible con la verdad sino quien se mantiene resueltamente al margen de la esfera del entretenimiento hoy dominante». La sociedad lúdica (que diría Philippe Muray) aleja del propio yo y extravía la intimidad personal. Es un guante que Hadjadj no podía dejar de recoger..., para contraatacar. Porque tampoco podemos permitirnos aburrir a nadie, objeta. ¿Cómo pensar de tal modo que la cuestión de la verdad sea tan viva «como un partido de fútbol y tan fuerte como una mujer guapa?»

Hay que reflexionar con el atractivo que se atribuía Georges Bataille, haciéndose eco de una tradición erótica de la filosofía que viene desde Platón: «Pienso igual que una joven que se quita la ropa». Hadjdaj ha escrito siempre de esa manera, metafóricamente. Aquí propone, además, darle a la reflexión sobre la verdad su entidad de «*dramatis personæ*, en sus dos dimensiones, según se insista en la palabra "drama" o en la palabra "protagonista"». En cuanto drama, «la verdad no debe reducir mi deseo de felicidad, pero tampoco debe oscurecer en nada mi lucidez ante la muerte; así, la verdad solo puede revelarse en ese lugar de extrema tensión, en el sitio mismo de este desgarro». No parece anodino, desde luego.

El drama gira en torno a las personas y va de los propios intervinientes al ejemplo central de Jesús, que expone, como es lógico, el excelente glosador bíblico —casi un jasídico— que siempre ha sido Hadjadj. Cuando Pilato pregunta a Jesús «¿qué es la verdad?» está sólo está interesado en las relaciones de poder. Por eso el elocuente si-

lencio de la respuesta, que ofrece una advertencia a todos los que pretendamos disertar sobre la
verdad.

Pero sí hay una respuesta, como aduce
Hadjadj. O dos: «Dicen nuestros catequistas moralizantes: "Escucha lo que te dice Jesús y estarás
en la verdad". Pero Jesús dice lo inverso: "Quienquiera que pertenece a la verdad escucha mi
voz"». La segunda observación de Hadjadj es aún
más deslumbrante. A la pregunta de Pilato «¿qué
es la verdad?» responde... ¡el propio Pilato!: «He
aquí el hombre». Hadjadj lo subraya: «Todo se decide ahí, en el paso de una pregunta abstracta a
una presencia concreta, en convertir una solución
teórica en una llamada de carne y sangre».

Este libro no sería tan redondo como vengo avisando si de este punto álgido no se volviese
a la ordinaria noria de intervenciones de la mesa
redonda de dos intelectuales. A fin de cuentas,
las dos respuestas de Jesús implican dejar la res-
ponsabilidad al hombre de aquí, para que escuche
(más que diga) la verdad. El problema del yo, tan
acuciante en un diálogo con un budista y, para
más inri, entre franceses —los franceses, desde
Pascal y su «el yo es odioso», están condenados a

discutirlo— encuentra en este libro una original solución.

Hadjadj lo encara con otro bellísimo comentario bíblico-filológico: «La noción de ese "no yo" [del budismo] es problemática en sí misma, sobre todo cuando es una persona, un ego, quien la proclama. [...] Cuando Cristo dice quién es, dice "Ego sum". En cambio, [san Pedro en su negación] no responde que "no formaba parte" o "yo no pertenezco", como se lee en algunas traducciones, sino literalmente, siguiendo una forma griega y latina, "no soy" (*non sum*). [...] Se podría decir, apoyándonos en un recurso propio del francés, que el "*je suis*" ("soy") del verbo "*être*", "ser", implica siempre también el "*je suis*" ("sigo") del verbo "*suivre*", "seguir". [...]». El antropólogo René Girard (*Veo a Satán caer como el relámpago*, 1999) habría recibido alborozado este feliz hallazgo de Hadjadj, que tan bien concuerda con la advertencia girardiana contra el disolvente magnetismo de la imitación y a favor de que el ser humano sólo puede ser él mismo (ser su yo) imitando a Cristo.

Pero no sólo para ser, sino para seguir. Apuntan tanto los místicos santa Teresa de Jesús y el maestro Eckhart como el filósofo judío

Martin Buber que el yo tiene que estar abierto de vuelta al tú más concreto. El prójimo es el procedimiento para acabar de ser uno.

De modo que el debate termina siendo la conclusión misma, personalista, de la búsqueda de la verdad. Incluso la coincidencia de los nombres propios de ambos Fabrice no deja de ser un feliz simbolismo. ¿Vivir no consiste en fabricarse el nombre propio? Para Fabrice (Hadjadj), «lo que importa es redescubrir el sentido del nombre propio, la irreductibilidad del nombre propio que designa a una persona única. [...] Cuando se habla del paraíso en el Canon de la misa, no se dice: "Haznos entrar en tu luz admirable para que desaparezcamos en ella como una gota en el océano", sino que el sacerdote pide: "Admítenos en la asamblea de los santos apóstoles y mártires", para recitar luego los nombres propios de una lista que el fiel sabe abierta, que podría alargarse cientos de horas y en la que debería, una vez escuchada la lista durante centenares de millares de horas, hasta su muerte, oír al final su propio nombre...».

Este es un libro que cumple su palabra. Para responder a la pregunta sobre la verdad no se queda en el «qué», que vale para iniciar el debate. No se habla tanto de la verdad como se la escucha y se avanza, mano a mano, hacia un Quién que devuelve su pregunta a cada uno. Somos invitados a una búsqueda, a un silencio, a un diálogo, a un reconocimiento y a un reconocer al prójimo. En verdad, un *drama personae* apasionante.

Enrique García-Máiquez

NOTA

Renovando el arte de la controversia pública que cautivó a la Edad Media, la asociación Disputatio y el Centro Teológico Universitario de Rouen invitan cada año, en el prestigioso escenario de las Fiestas Juana de Arco, a dos figuras de prestigio para competir por una mejor comprensión de los matices, implicaciones y consecuencias de la cuestión de que se trate. Este volumen reproduce la discusión, revisada y adaptada, que tuvo lugar en público el viernes 4 de junio de 2010.

PREFACIO

La *disputatio* presentada a continuación, que tuvo lugar en la nave de la catedral de Rouen el 4 de junio de 2010, no pretende, evidentemente, aportar una respuesta definitiva a la pregunta que Pilatos plantea a Jesús.

Dar una repuesta a esta pregunta —más aún, definir la verdad— permitiría suponer que la verdad es algo que podemos dominar o poseer. Ahora bien, como subrayará Fabrice Midal, la verdad es precisamente aquello de lo que no podemos apropiarnos. Está siempre delante y es ella la que viene a nosotros.

Por lo demás, querer responder a la pregunta, ¿no sería situarnos por encima del mismo Jesús, que calló frente a Pilatos?

Pero, al mismo tiempo, no decir nada, como indicará Fabrice Hadjadj, es ponerse en el lugar de Jesús. Es algo mejor, pero también algo excesivo.

La pregunta de Pilatos requiere, pues, si no una respuesta, al menos un comentario. Por lo demás, en la tradición budista de Fabrice Midal, la verdad debe decirse y, en la tradición cristiana que abraza Fabrice Hadjadj, se debe dar testimonio de ella.

Pero ¿de qué tipo de discurso hablamos cuando pretendemos decir la verdad o dar testimonio de ella?

No se encontrará en este libro el contraste de respuestas correctas dadas por dos profesores de Filosofía. Aún menos, un análisis comparativo de las respuestas budista y cristiana con vistas a determinar la más pertinente. Se trata más bien de un diálogo profundo entre dos hombres que piensan que la verdad, a la vez cruel y tierna, nos enfrenta al drama de la existencia y que, por ello, la buscan para sí mismos y para los demás.

Podemos, pues, esperar que su diálogo permita a quienes lo lean avanzar hacia esa verdad que nos llega. Y tanto más cuanto la «disputa» a la que se entregan responde a los tres grandes requisitos para quien quiera hablar de la verdad.

LA VERDAD ES UNA CUESTIÓN DE ROSTRO Y DE VOZ

Es Fabrice Hadjadj quien desarrolla este aspecto esencial de la búsqueda de la verdad. La comunión de rostros y la escucha de una voz forman para él parte de las principales condiciones de todo discurso sobre la verdad: «Nuestra búsqueda de un saber nunca debe hacernos olvidar esta primera verdad: somos de entrada personas con nombre propio, y la mirada de cada uno hacia el otro parece contener un misterio más profundo que todas las enciclopedias. En consecuencia, si la respuesta a la pregunta nos llevara a un sistema universal que anulara las singularidades, si la verdad correspondiera a una gran inteligibilidad anónima que aboliera la consistencia de las personas, estaría falseada desde el origen».

La verdad se obtiene en los rostros concretos que se miran y a través de voces que se escuchan. Es precisamente eso en lo que consiste una *disputatio*, que reúne cara a cara a dos protagonistas que no pueden avanzar juntos sino a costa de la mirada y de la escucha. Más incluso que ser un medio pedagógico debido al genio de la Edad Media, la *disputatio* es un camino a la verdad porque pone cara a cara rostros y voces.

LA VERDAD APARECE COMO UNA CATEDRAL

Fuera o no por casualidad, la *disputatio* de 2010 se ha desarrollado en la catedral en un momento en el que se inauguraba en Rouen la exposición ‹Normandía impresionista›. Excepcionalmente, once de los veintiocho cuadros pintados por Monet que tienen por motivo la catedral se habían reunido para esta ocasión, a dos pasos, en el Museo de Bellas Artes de la ciudad.

Conmovido por la verdad de estas obras, Fabrice Midal ha rehecho el texto de su intervención para incorporar esta experiencia vivida. Su fascinante interpretación de las catedrales sienta las bases de su tesis, según la cual solo la poesía dice la verdad, y da la razón a los organizadores de la *disputatio* en su decisión de elegir la catedral como lugar privilegiado para avanzar hacia la verdad.

LA VERDAD INQUIETA Y LIBERA

Si la búsqueda de la verdad lleva a entrar en la escucha de la poesía, como uno entra en la catedral de Rouen para escuchar a su patrón, san Evodio, la verdad de esta búsqueda se mide más por la prueba que nos lleva a superar que por la paz que procura.

En el estrado, los dos polemistas coinciden en eso. Así, Fabrice Midal señala que «la prueba de la verdad es para el ser humano una insoportable provocación y la exigencia más elevada. Un cuestionamiento de su modo de vivir, sus creencias, sus convicciones». Del mismo modo, Fabrice Hadjadj subraya que, si la verdad libera nuestras vidas iluminándolas, esta actualización de nuestras existencias es por fuerza difícil: «La luz de la verdad, en la medida en que desborda los muros y varía la orientación de mi linterna, solo puede ser una luz inquietante, es decir, que no solo responde a mis preguntas, sino que me interroga a su vez, hasta el punto de que podría sentir deseos de deshacerme de ella».

Aceptar la «prueba» de la *disputatio*, por respetuosa y amistosa que sea, es un homenaje a una de las grandes modalidades de toda búsqueda de la verdad: exponer la propia búsqueda al cuestionamiento de otro. Es por ello impresionante oír a Fabrice Midal evocar cómo quedó conmocionado al descubrir a una mística católica francesa del siglo XVII.

El lector de esta disputa echará sin duda de menos la atmósfera vespertina de esta discusión en la catedral iluminada por los últimos rayos del sol de junio y tendrá que imaginar, a través de la transcripción fiel de los diálogos, el timbre de las voces y la expresión de las caras. Pero se verá forzosamente arrastrado a una reconsideración total de su modo de ver; al menos, a profundizar en su propia reflexión. Solo bajo esta perspectiva podría considerarse una prueba la lectura de esta obra viva y placentera.

Philippe MAHEUT
Vicario general de la diócesis de Rouen

INTERVENCIÓN DE
FABRICE MIDAL

*Para Hadrien France-Lanord, que vive junto a
la catedral*

Mandelstam escribió en 1910 un artículo sobre
François Villon en el que lo comparaba con Ver-
laine. Ambos, escribía, representan «absolutamente el mismo fenómeno astronómico», el re-
cordatorio de la verdad de la poesía, contra los
«invernaderos» de los grandes retóricos.

Así, por un lado, están los literatos, que
escriben y usan el idioma alejándonos cada vez
más del riesgo que supone la verdad, y que pueden ser malvados y seductores; y, por el otro, los
poetas, para quienes la palabra es algo que surge,
algo dado, difícil e incluso implacable.

¿Por qué nos alejan de la verdad los literatos? Porque la prueba de la verdad es para el ser humano una insoportable provocación y la exigencia más elevada. Un cuestionamiento de su modo de vivir, sus creencias, sus convicciones. Y los literatos prefieren el efectismo a la verdad. Prefieren complacer antes que aceptar el riesgo de mostrar lo que es.

Cuando leí por primera vez los Evangelios, hace una decena de años, me sorprendió esta provocación del texto. Mi primer comentario fue sobre qué relación hay entre lo que creía que era el cristianismo y estas palabras, de las que citaré dos frases que me han permitido entender la fuerza de la verdad: «Lo que los hombres tienen por sublime, delante de Dios es abominación» (Lucas 16, 15) y «si alguno viene a mí, y no aborrece a su padre, y madre, y mujer, e hijos, y hermanos, y hermanas, y aun también su propia vida, no puede ser mi discípulo» (Lucas 14, 26).

Como subrayaba Thomas Merton, ese sacerdote trapense que fue a estudiar la meditación con los maestros budistas y se reunió, entre otros, con el Dalai Lama en los años sesenta, «la misión de la religión no es tranquilizar al hombre en su buena conciencia, sino inquietarle en las profundidades de esa conciencia». Allí está la verdad.

Pertenezco a la tradición del budismo indo-tibetano frecuentemente llamado *tantra*. El término *tantra* significa continuidad y alude a la «naturaleza auténtica de todas las cosas que constituye el continuo ininterrumpido subyacente al samsara y al nirvana».[1]

Tomar en cuenta esta continuidad, esta apertura previa a toda apertura, va más allá de la dualidad aparente entre lo que nos favorece y lo que no, lo que parece puro y lo que parece contaminado. La verdad así concebida escapa a toda convención. Es el hilo subyacente que tenemos que aprender a reconocer, pero que nunca podemos poseer, del que nunca podemos apropiarnos.

SOLO LA POESÍA DICE LA VERDAD

He empezado mi intervención citando a Mandelstam, un poeta, porque la poesía es la palabra más próxima a la verdad, muy especialmente en

---

1   Philippe Cornu, *Dictionnaire encyclopédique du bouddhisme*, Paris, Éd. du Seuil, 2001, p. 592

Occidente. Al haber demolido, por una parte, lo que llamamos la exigencia de la razón y, por otra, la del sentimiento, hemos cerrado el acceso a ese reconocimiento de que la poesía dice la verdad. Si yo he entrado en la vía de Buda, es decir, en un pensamiento no marcado por la metafísica occidental, es en primer lugar porque esta distinción me parecía mucho más problemática que aclaratoria. Incluso, para ser más preciso, me hacía sufrir y me impedía ser.

Concebir el ser del ser humano como una unión de la razón y el sentimiento, del alma y el cuerpo, aunque haya permitido grandes realizaciones, no expresa, sin embargo, la verdad misma de nuestro ser.

La vía de Buda es un pensamiento completamente distinto del ser del ser humano. Por tanto, la verdad no es para ella en absoluto una cuestión de razón o siquiera de sentimiento. No prefiere a Pascal, que escribía: «El corazón tiene razones que la razón no entiende», a Descartes. Para ella la verdad es lo que se muestra y se ve tal como es.

Es curioso que hayamos llegado a considerar que la poesía es la creación de la subjetividad del individuo y que solo la ciencia es «objeti-va», es decir, que dice la verdad.

Píndaro u Homero fueron durante mucho tiempo considerados como aquellos que decían la verdad. Quienes la desplegaban. Píndaro, que está totalmente imbuido por esta exigencia, escribe en el Fragmento 20:

Inspiradora de alta virtud,
oh reina Verdad, no arrastras mi
pensamiento hacia amargas mentiras.[2]

Toda su obra se orienta a mantener y decir la verdad. Esa es para él la tarea de la poesía, el estado más alto de presencia.

Occidente ha dado un curioso giro al rechazar la poesía, expulsando a Homero de la República; al dejar de considerarla testimonio de la verdad y verla como la que la ha traicionado. Así, hoy la poesía está del lado de la cultura, debe proporcionar placer o incluso convertirse en un

---

2   Píndaro, citado en Jean-Paul Savignac, *Le Mythe antique, pourpre et ors*, Paris, La Différence, 2008.

esfuerzo intelectual, pero ya no la entendemos como el testimonio más profundo de la verdad.

Hemos dejado de comprenderla porque, para nosotros, la poesía es distinta de la música, esta misma restringida a un arte, es decir, a una forma de placer o diversión.

Ahora bien, la poesía es *mousiké,* lo que «hace referencia a las Musas». En los textos griegos encontramos el término *a-mousos,* (a-música), que designa a quien es ajeno a las musas, privado de las musas, es decir, sin educación o, como precisa el diccionario Bailly, «grosero, sin gusto, inexperimentado».[3]

La poesía es civilizadora, eleva al hombre, porque mantiene una relación preeminente con la verdad. El canto de las musas nos recuerda a la *aletheia,* que se traduce demasiado precipitadamente por «verdad», pero etimológicamente significa «sin Leteo». Leteo es, en la mitología griega, el río donde las almas, al beber de sus aguas tras la muerte, pierden contacto con lo que fueron. Pierden la relación con la memoria. Ser tocado por las musas es ser ‹a-leteado›: recordar lo que es,

---

3   Platón lo asocia a a-philosophos en La República (411d)

verlo vivo en sí mismo. Así, el inicio del poema de Homero debe entenderse como la preocupación de que el poema conduzca a la palabra ante una gran presencia, desvelando lo que debe decirse para que se diga verdaderamente.

Así entendida, la cuestión de la verdad adquiere todo su sentido. La poesía dice la verdad porque su palabra nos pone en presencia de lo que importa. Entendida como *aletheia*, la verdad de un poema de Píndaro puede ser la verdad de un modo totalmente distinto al de Homero, Safo o Hesíodo sin que ello represente el menor problema. Somos tanto más lo que somos en la medida en que decimos la verdad. Y todo poema auténtico dice la verdad porque nos libera de lo inhumano, de lo grosero, aportando memoria.

Esa es la verdad: lo que, irrumpiendo, despierta, da a luz y libera.

LA VERDAD ES UNA CATEDRAL

¿Qué es la verdad?

Hoy mismo se inaugura en Rouen una exposición excepcional —*Una ciudad para el impresio-*

nismo, Monet, Pissaro y Gauguin en Rouen— donde se exhiben once de los veintiocho cuadros en los que Monet pintó la catedral en la que estamos esta tarde. Al encontrarme frente a estas obras, tuve que sentarme, abrumado por su verdad.

En el catálogo, Jeanne-Marie David hace notar: «Es un verdadero ‹tour de force› que el artista logre que la extraordinaria riqueza ornamental del monumento pase a segundo plano, subrayando en cambio las menores fluctuaciones de la luz», frase que se inscribe en el muro de la exposición donde se presentan los lienzos.

Aquí tenemos un ejemplo de pseudoevidencia que impide todo acceso a la verdad de la obra, a aquello ante cuya presencia nos sitúa Monet.

Creemos, ciertamente, que Monet pintó la catedral a todas las horas del día y tuvo con ello una idea original.

De hecho, todavía no hemos empezado a ver lo que consigue Monet y la exposición entera, que se basa en un malentendido.[4]

---

4   Y esto pese a Jackson Pollock que, como escribe el admirable crítico que fue Clement Greenberg, le ha abierto los ojos al sentido de aventura inaugurado por Monet.

Monet no da en absoluto prioridad a las fluctuaciones de la luz, sino que la luz es la posibilidad de celebrar el suceso de la pintura convertida en catedral. Monet no registra el efecto de la luz a las diez de la mañana o al mediodía; intenta, abriéndose a un estado de la luz concreto que ordena el mundo como nuestros propios estados anímicos, entrar en una unidad nueva, nunca alcanzada, una unidad que no procede de una construcción conceptual, de un saber, sino de una experiencia de un orden nuevo.[5]

Monet no es un impresionista que pinta bonitas impresiones que hace la luz sobre la fachada de un edificio; para mostrar esta evidencia, basta la diferencia abismal de estas obras con todas las pinturas de quienes llamamos ‹impresionistas› y que están incluidos en la exposición.

Por lo demás, no vemos en estos cuadros la luz, sino una materia pictórica viva que carece

---

5   En este sentido, Monet construye o, más exactamente, elabora y
     pone sobre el lienzo de un modo ciertamente distinto, lo mismo
     que Cézanne, pero siempre con las misma profundidad y deter-
     minación.

de fondo, o que quizá está sobre un fondo plano, como se habla de «canto llano».[6]

La catedral no pasa en absoluto a un segundo plano; la vemos, por el contrario, intensamente. Pero, con estos cuadros, la historia del arte occidental cambia; la imagen se deshace ante la pintura, que ocupa ya todo el espacio.

En la pintura clásica, académica e impresionista, se nos muestra una imagen más o menos construida. La pintura se difumina más o menos completamente ante la imagen que muestra. Tanto en un cuadro de Bouguereau como en *El nacimiento de Venus*, vemos una mujer desnuda en una pose seductora sobre una concha, pero para nada la pintura. El arte del pintor se limita a una maestría de ilusionista y a la puesta en escena de figuras. En un cuadro de Pissaro vemos, ciertamen-

---

6   Hay mucha profundidad en los cuadros de Monet, pero no procede de la perspectiva. Al no producirse por un juego óptico, se despliega en el modo mismo de la pintura —de ahí la expresión que uso de «fondo plano». El fondo no es un segundo plano sobre el que vendría a situarse la figura. El cielo está, por ejemplo, en el mismo plano que la catedral, en absoluto situado detrás, y transmite la sensación de venir delante o, más precisamente, de oscilar. La modulación de la pintura no conduce a un aplanamiento, sino a una vibración más intensa que la perspectiva no puede dar.

te, una relación con la imagen menos vulgar que en los de Bouguereau; pero, aunque no pretenda construir una imagen ideal, etérea, su designio sigue siendo el de mostrar una imagen.

Con esta serie, ninguna imagen de la catedral es visible, sino que la pintura se convierte en catedral.[7]

En ese cuadro del museo de Boston, por ejemplo, *Portal de la catedral de Rouen, sol,* la elevación que el gótico proporciona al monumento la reproduce Monet en la pintura, que, por primera vez, se eleva ella misma, y esto, me arriesgaría a decir, independientemente del propio lienzo. Al contemplarlo nos elevamos nosotros también. En cambio, en *La Cathédrale de Rouen, el portal, sol matinal, armonía azul,* legado por el conde Isaac de Camondo al museo d'Orsay[8], la movilidad de la

---

7   No se trata de mostrar la materia de la pintura como tal materia, en una especie de antiidealismo, sino de un cambio radical de paradigma, alejado por igual del «realismo» y del «idealismo».

8   Recuerdo aquí, no sin emoción, a Isaac de Camondo, gracias al cual podemos ver tantas obras maestras y por primera vez las cuatro catedrales hoy en el museo d'Orsay. Recuerdo poderoso, porque los descendientes de esta eminente familia, que tanto ha hecho por Francia, fueron entregados a los nazis y murieron en los campos de concentración.

pintura conjuga en primer lugar con la solidez segura de la piedra, su densidad.[9]

Ver estas obras como pinturas que se sitúan en la historia del arte, quedarse con la imagen, es ponerse del lado de los literatos y matar su verdad.

La verdad de estos cuadros se revela si, y solamente si, alguien las mira con sencillez. Dicho de otro modo, solo quien vive la experiencia insondable de la pintura en su literalidad destruye toda literatura.

En ese instante obtiene una verdad de la existencia humana y de nuestro tiempo rara vez alcanzada.

---

9   Los historiadores del arte se preguntan por la elección que hizo Monet de la catedral, la cual, según ellos, no se explica en absoluto. Sin embargo, pictóricamente, esa decisión se imponía. Monet, que se esforzaba por dar a la sensación una radiación desconocida hasta entonces, una radiación que la metafísica occidental, al separar el cuerpo del espíritu, no puede permitirse pensar, encuentra en semejante motivo —la catedral, el monumento por excelencia— un desafío magnífico. Le permite encontrar una soledad en el flujo más sutil de la materia pictórica y, en este sentido, sus cuadros son realmente experiencias de la pintura convertida en catedral. La catedral cambia profundamente de condición profundamente; ya no es la guardiana de una tradición desfasada sino la a-venida (rememoración completa) de nuestro presente aún por llegar.

En ese sentido, ver estos cuadros es una experiencia que puede resultar abrupta, incluso violenta.

LA VERDAD ES BRUTAL Y TIERNA

Hay otra frase de Cristo especialmente fuerte: «No penséis que he venido a traer la paz al mundo. No he venido a traer la paz, sino la espada» (Mt 10,34).

Al *tantra* se le llama también *vajrayana*. El término significa 'vehículo', que es lo que nos permite seguir un camino, estar en camino. Según esta escuela, existen varios vehículos para seguir la vía de Buda. El del *vajrayana* es, según afirma, el más directo y decisivo, porque juega con todos los buenos sentimientos y las formas religiosas de la hipocresía. El término *vajra* significa 'diamante' o 'rayo', y hace referencia a la noción de indestructibilidad. El *vajra* es una especie de cetro o de espada que sostiene el iniciado. Está considerado como el testigo de la verdad.

El *vajra* destruye en efecto el juego del yo-yomismo-y-aún-más-yo que considera todas las cosas en función de lo que le beneficia. Así, ante tal o cual cosa o ser, la actitud habitual consiste en querer apropiarse de él si nos puede proporcionar algún beneficio, rechazarlo si nos amenaza con algún mal o considerarlo con absoluta indiferencia, sin buscar nunca una conexión con lo que es. Así es como la verdad se ve distorsionada.

El *vajra* corta este amasijo y así nos libera.

Revela que el yo-yomismo-y-aún-más-yo es lo que nos impide ser aquello que tenemos que ser propiamente. Una mascarada que, bajo el pretexto de protegernos de todo, nos hace vivir de forma radicalmente inauténtica. Este yo-yomismo-y-aún-más-yo es lo que esos grandes pensadores franceses que son Molière o La Rochefoucauld han llamado 'amor propio' (y que Rousseau opone al amor de sí mismo) y que la tradición budista intenta concebir como el no-yo.

La frase de Cristo, como ese sentido del *vajra*, sorprende porque, para nosotros, la religión está del lado de la paz. En su libro sobre Jesucristo, el papa Benedicto XVI propone una meditación que, en mi opinión, aclara esta dificultad: «El tentador no tiene la grosería de incitarnos directamente a adorar al diablo. Nos incita solo a elegir lo que es racional, a dar prioridad a un mundo planificado y organizado, donde Dios en tanto que cuestión privada puede tener su lugar, sin tener, sin embargo, derecho a entrometerse en nuestros asuntos esenciales. Soloviev atribuye un libro al Anticristo, *El camino público hacia la paz y el bienestar del mundo*, libro que se convierte por así decir en la nueva Biblia, cuyo auténtico contenido es la adoración del bienestar y de la plantificación razonable».[10]

La adoración del bienestar y la planificación razonable: he aquí, pues, el diablo (y, en la tradición budista, el signo mismo del ego que busca al mismo tiempo su comodidad y la petrificación de lo real). En una entrevista en la que se preguntaba al poeta Rainer Maria Rilke si la religión debía enseñarse en los colegios, respondió: «¿Y acaso no es exactamente como la religión llega a los hombres, en ataques sucesivos? ¿Ha llegado alguna vez en la vida de otro modo que bajo la forma de lo inesperado, de lo inefable, de lo no premeditado? ¿Cómo podría entrar en el colegio sino de incógnito?».[11]

---

10   Benedicto XVI, *Jésus de Nazareth*, Paris, Flammarion, 2007.

11   Rainer Maria Rilke, *Enseignement religieux*, Œuvres en prose, Pa-

Por tanto, todo intento de planificar, de imponer, de estructurar, acaba por hacernos perder lo que querríamos mostrar.

Porque nuestro mundo lo rechaza, el odio a la verdad lo posee. Así fue en tiempos de Platón, cuando Sócrates fue condenado a muerte.

Hoy basta con entrar en una librería para entender que estamos siempre en el mismo plano. Lo que se vende, lo que está disponible según la planificación, obstruye el acceso a la verdad.

¿Qué es la verdad? Lo que no tiene lugar en nuestro mundo, que es, como decía el poeta E.E. Cummings, un 'unworld'[12], término que podría traducirse o bien como «no mundo», o bien como «inmundo». Nuestra época prefiere la adoración del bienestar y la planificación razonable a costa de la verdad. Se hace necesario aquí añadir una precisión. Toda época condena la verdad, prefiriendo la comodidad mediocre de sus asuntos. Pero nuestro tiempo está marcado, como lo

---

ris, Éd. Gallimard, «Bibliothèque de la Pléiade», p. 968

12   Cf. Sickels, Eleanor, *The Unworld of E.E. Cummings*, in American Literature, vol. 26, no. 2, pp. 223-238.

subraya de modo luminoso Benedicto XVI, por dos fenómenos.

De entrada, la «adoración del bienestar», cuyo signo que marca nuestro tiempo es el entretenimiento de masas. No puede tener relación posible con la verdad sino quien se mantiene resueltamente al margen de la esfera del entretenimiento hoy dominante. (No nos engañemos: la cultura es hoy una forma sofisticada de entretenimiento. La cuestión de la verdad no le quita el sueño ni constituye para ella la carga que constituye, por ejemplo, para Monet cuando escribe durante su estancia en Rouen: «He regresado, pero, Dios mío, qué difícil de hacer esta masa de catedral [...] No pude conseguir lo que hubiera querido, pero, en fin, lo conseguiré a fuerza de sufrir»).

El otro fenómeno es el de la «planificación razonable», del que podemos tener un concepto gracias a la obra de Martin Heidegger, que ha sabido discernir este proyecto invisible y sin embargo presente en toda la obra.

La verdad tendría, como quiere una etimología popular no probada, el sentido de encaje.[13] Y, en efecto, comprendemos la verdad como lo que es cierto, lo que encaja. Tal es precisamente su concepción para la planificación razonable. Pero ¿es tan evidente? ¿No es más bien la verdad precisamente lo contrario, lo que no encaja? Lo deshecho. En este sentido —y esta es para mí la lección paradójica que he aprendido de mis maestros—, la verdad es lo que no posees, lo que es siempre otro, lo que está delante (y a menudo tan provocadoramente como las frases de Cristo que he citado).

Este fenómeno tan humano de hacer que la verdad encaje se exagera en nuestro tiempo por la crisis de las instituciones que subraya con tanta profundidad Rainer Maria Rilke: «Nuestras tradiciones han dejado de ser conductoras, ramas muertas que ya no alimenta la energía de las raíces».[14] La verdad, por tanto, ya ha dejado de transmitirse; fenómeno abismal y sin duda único en la historia de la humanidad.

---

13   ‹Verrou›, en francés, (N. del T.)

14   Rainer Maria Rilke, *Correspondance*, Œuvres III, Paris, Éd. du Seuil, 1976, p. 433.

Desde ese punto de vista, no soy budista porque no puedo hacer de esa vía una identidad que me dé refugio y certeza si no supone tener la verdad, ser de la verdad o, en todo caso, parte interesada. La verdad llega. Es indiscutible y, sin embargo, de un orden completamente distinto al de la certeza. Nunca es mía. No soy ni su medida ni su autor. Surge, golpea.

Toda identidad la hace imposible. Sigo, asimismo, el camino de Buda que veo en los cuadros en que Monet representa la catedral de Rouen. Porque Monet, en estas obras, abandona esa estructura que poco a poco acaba por obstruir la fuente.

Sin él y Cézanne —el otro gran héroe de la modernidad— la vía de Buda no se habría podido asentar en Occidente.

La verdad es el amor.

En la tradición budista, la verdad es en primer lugar lo que debe decirse. Hay que decir la verdad. A un nivel muy simple, decir la verdad es incómodo porque nos desnuda. Preferimos arreglar las cosas, decir lo que nos presenta ante una luz más benévola. Si llego tarde, en vez de reconocer que he sido negligente, invento un problema, digamos, un defecto del transporte colectivo.

A un nivel más profundo, el fenómeno sigue siendo el mismo: la verdad es lo que, una vez dicho, deshace el amasijo de falsedades que empleamos para protegernos, dejando así expuesto nuestro corazón.

Mantener la verdad es amar por completo, dar derecho al amor, dejarle todo el espacio.

Cuando el ser humano escucha la verdad, siempre y cuando no esté entorpecido por lo que he llamado, siguiendo a Mandelstam, 'la literatura' —nuestras historias y nuestro mezquino parloteo más o menos sabio—, experimenta un profundísimo alivio. Ya no tiene que hacer esos esfuerzos infinitos por construirse una fachada que le proteja. Puede dejar surgir la poesía sin tratar de ahogarla con la literatura.

Por tanto, si es cierto que de primeras la verdad destruye, en su gesto más seguro, también libera. Nos permite respirar. Y es por ello que, cuando la verdad aparece, ahí está el amor. El amor es como la otra cara de la verdad. Son inseparables la una del otro; es imposible tener el uno sin la otra.

¿Qué es la verdad? Es el amor. Es el incendio del amor. El avance logrado por Monet nos ofrece un rostro. Al no tener puntos de referencia definidos, al carecer de un esquema de percepción determinado como sería la perspectiva o de un conocimiento previo de la forma y haber abandonado todo designio seguro, Monet descubre la libertad más extrema, que es pura confianza en la experiencia desnuda en la que el mundo se ofrece de nuevo. Esta inaudita indivisibilidad entre el hombre y el mundo que nos permite vivir, conmovidos de forma tan profunda por primera vez en nuestra historia, es el sello mismo del amor liberado.

INTERVENCIÓN DE
FABRICE HADJADJ

1. De primeras me ha recordado a una clase de Filosofía: «¿Qué es la verdad?». La pregunta es bastante abstracta, y ya estoy oyendo al alumno del fondo de la clase decirse que el profesor va a empezar a rizar el rizo. Y quiero ponerme de su lado, del lado de este alumno. Quiero oír alto y claro, para empezar, la objeción del zote. Los zotes siempre me han sido especialmente simpáticos. No porque no sean eruditos, lo que no sería más que una cualidad negativa, sino porque se sientan cerca del radiador: les gusta el calor concreto; no quieren que se les premie con palabras. Su somnolencia es un interrogante, sus ceros nos llevan más allá que cualquier número. En el fondo, y al fondo de la clase, con su incansable

inercia, el zote llega inmediatamente más lejos que ningún otro. Cuando se le pregunta: «¿Qué es esto?», responde alzándose de hombros: «¿Qué es lo que es qué?». Al sustraerse a la pregunta, está cuestionando la cuestión misma. Con su negativa, exige que se le dé no solo el porqué, sino el porqué del porqué, el intríngulis del quid. Su «porque siempre...» nos devuelve a la causa de las causas. Y ello, no de modo teórico, sino de manera concreta, carnal, con peso.

Digo «con peso» y no «vivo», porque su concreción, lo admito, tiene menos viveza rutinaria que el encargo de los deberes. Este porqué del porqué no contiene una exigencia, porque nuestro zote está distraído —e incluso bosteza ante Corneille[15]—, cabecea, musita o hace garabatos en su rincón. Y, sin embargo, él representa esta exigencia, en la medida misma en que no la tiene y que, en consecuencia, nos corresponde a nosotros tenerla por él... De hecho, quien plantea las preguntas no es el zote, sino el primero de clase. Para el primero de la clase, la pregunta escolar se

---

15 Juego de palabras entre «bayer aux corneilles», estar distraído, y «bâiller à Corneille», bostezar ante Corneille (N. del T.)

explica sola; para el zote, no significa nada. Pero justamente porque no expone ninguna pregunta, sino que se expone a sí mismo repantigado en su silla, el zote espolea dentro del aula a ir más allá y se convierte en una fuente de preguntas para su profesor.

¿Cómo hacer para que la clase de Filosofía signifique tanto para él como el campo de fútbol? ¿De qué modo hacer resonar la pregunta «¿qué es la verdad?» para que se vuelva al menos tan interesante como esta otra: «¿Quién es esa chica tan mona de Económicas y Sociales con el piercing en la nariz?». He ahí una interrogación profunda. Parece impedir la reflexión filosófica. En realidad, le da comienzo. Porque se encuentra en el origen mismo de la filosofía, al menos hasta que la confisquen los procedimientos universitarios. La filosofía es esencialmente una asignatura de malos estudiantes. Es lo que se juzgaba en el Areópago cuando se acusaba a Sócrates de corromper a la juventud. Y, de hecho, según Sócrates y más tarde Platón (en *El banquete*, por ejemplo, o en *Fedro*), la filosofía no se descubre de entrada en los libros, sino en el encuentro con un cuerpo hermoso. Georges Bataille se hace eco de esta tradición cuando declara: «Pienso igual que una joven se quita la ropa». Y en la segunda estrofa de su poema titulado precisamente ‹Sócrates y Acibíades›, Hölderlin no tiene reparo en cantar:

Aquel que piensa lo más profundo ama lo que está más vivo,
la más amplia experiencia acaba inclinándose hacia lo mejor de la juventud,
y los sabios al final se postran ante lo bello

Este canto nos lleva a radicalizar la pregunta del zote y su preferencia por la señorita de Económicas y Sociales: el vértigo ante la belleza de los seres no solo se sitúa al comienzo, sino también al final de la filosofía. El fin retoma el origen. Pero estos encuentros no son un regreso a la casilla de salida. El espíritu de «alta juventud» no es una regresión pueril o adolescente. Porque ya no es de modo superficial o epidérmico como la joven llega al sabio, sino a partir de «la mayor profundidad».

También con la máxima seriedad debo plantearme esta cómica pregunta: ¿cómo pensar de tal modo que ello sea tan vivo como un partido de fútbol y tan fuerte como una mujer guapa? Y ya tenemos aquí una verdad que se perfila incluso antes de la respuesta a nuestra pregunta. La presentamos como ese zote que hace metafísica sin saberlo: lo que haría falta es que la pregunta adquiriera vida, que el Logos se hiciese carne o que la Verdad fuera una Persona, una Persona al menos tan hermosa como la chica guapa de primero de Económicas y Sociales con el piercing en la nariz. Mejor aún: que esta Persona sea el principio mismo de la chica guapa y de todas las chicas guapas, adornada con piercings aún más desconcertantes...

Pero quizá vaya demasiado rápido con la respuesta. He dicho que el zote nos llevaba más lejos que el primero de la clase. Sin duda, demasiado lejos. Y, por lo demás, no querría dar la impresión aquí de que desprecio a los primeros de la clase, empezando por mí mismo (lo habrán adivinado probablemente por mis gafas de miope). Algunos quizá hayan venido a esta *disputatio* como primeros de la clase. Esperan la sabiduría, el debate, quizá la espectacular confrontación de dos mensajes: «Cristo es la Verdad y ha venido a salvar a todos los hombres» o, por el contrario, «Buda nos muestra la vía del despertar, e incluso cómo despertar al zote». Los dos Fabrice deberían ser hombres doctos, perfectos conocedores de las cuestiones metafísicas y religiosas, salvo que se trate de dos malabaristas bien versados en la publicidad comparativa. Además, teniendo en cuenta el poco tiempo que se les concede para hablar de cosas profundas, están obligados a recurrir a consignas de gran superficie: «¡Coman a Jesús!», «¡aprendan la postura del loto!», «¡duerman con Epeda multispire!», «¡don las Fórmula H, podrán sentarse tranquilamente!».

Se me ha preguntado por la verdad. Tengo que decirla. Es normal que duela; es normal que su espléndida luz no ilumine sino lo que reluce. Podemos llegar aquí como consumidores, y quizá esperemos salir tras un suave masaje de mensajes amables, pero no con algo que sea como los rayos X que revelen en nosotros un cáncer de médula... Lo decía san Agustín: «Los hombres aman la verdad cuando se anuncia, y la odian cuando les denuncia». ¡Oh, luz maravillosa! ¡Oh, sublime claridad! ¡La hermosa roja! ¡La hermosa azul! Pero basta que acaben los fuegos artificiales y que el foco se centre sobre nuestras torpezas, que la verdad deje a la vista las partes no demasiado bonitas de nuestro corazón para que se acaben los «¡oh!» y los «¡ah!» Llegan entonces, más bien, los «puff», los «huy», los «aghh». ¡Que la hermosa vaya a vestirse un poco! Sin lo cual podría acabar lapidada...

Y aquí estamos de nuevo, incluso antes de aproximarnos a una respuesta, para hacer un segundo descubrimiento: cuando la Verdad se presenta como carne atrayente, es probable que después de habernos dejado seducir por sus primeros coqueteos tratemos de condenarla a muerte, pues esa misma luz que nos atrae cuando ilumina el mundo nos asusta cuando ilumina nuestros rincones oscuros.

2. Pero hay una cosa más. Antes de ser una tesis para el que está puesto en el asunto, antes de degenerar en tontería para el zote, antes de complacer como un instrumento de precisión para el moralista y luego doler como la cauterización para el pecador, la verdad es que estamos aquí: yo, Fabrice Hadjadj; ustedes, que me oyen y quizá hasta me escuchen, con ese jodido deseo de felicidad en las entrañas, y al mismo tiempo en el vientre el miedo ante la muerte, y luego esa vergüenza por nuestra mediocridad, quizá también esa amargura por nuestros sueños infantiles destrozados en mil pedazos, o a lo peor ese duelo por una persona querida que nada puede sustituir. Sí,

antes de ser los «disputadores» y los exponentes de una doctrina, somos todos los protagonistas de un drama, juntos en el mismo barco, durmiendo todos bajo las mismas sábanas. De modo que, para ser bien conscientes de la pregunta «¿qué es la verdad?», tenemos que sacarla de libros y conferencias y meterla en el corazón de este drama.

3. Esta evidencia, la evidencia de nuestra situación real como *dramatis personæ*, como «protagonistas de un drama», implica dos observaciones, según se insista en la palabra «drama» o en la palabra «protagonista». La primera, relativa al «drama», es que la verdad hace necesariamente referencia a este doble fin: el fin en cuanto finalidad, y se trata de la felicidad o beatitud; y el fin en cuanto tope, y se trata de la muerte física o moral. Si tomo como ejemplo a mi zote, que se interesa más por la copa del mundo que por el cáliz de la salvación, puedo plantearle la pregunta: «Quieres que tu equipo bata la meta contraria, pero ¿cuál es la meta de la meta?». Porque tiene que haber una meta de las metas, como hay un Cantar de los Cantares, y esa es lo que llamamos justamente *felicidad*. No la satisfacción, no esa pequeña alegría de conseguir una rebaja o de comer patatas fritas

y sorber pastis mientras se contempla muy serio un documental sobre la Segunda Guerra Mundial o sobre el futuro del pacto republicano, no, sino algo que sería la radiación de todo nuestro ser, la alegría desbordante y contagiosa, parecida a la de los niños cuando rompen a reír con todo el cuerpo y toda el alma hasta que se derrite el hielo de nuestros corazones.

Y, al mismo tiempo, esta meta de metas parece contradecirse por una gran tarjeta roja que es también un velo negro o un lienzo blanco: nuestro deseo de alegría se estampa contra la inminencia de la muerte. Y esto es lo desgarrador. La prueba es que la angustia ante la muerte crece al mismo ritmo que nuestras alegrías terrenas. Cuanto más gozo de tener a Élisabeth en brazos (Élisabeth es mi cuarta hija), más me angustia la idea de perderla. No me aferraría a nada en este mundo para cuando la muerte viniera a llevarse mi alma: no obtendría otra cosa que mi próstata o mi cerebro. De ahí la estrategia de algunas sabidurías viejas como el mundo: el desapego. Uno no se apega a nada para no ser desposeído. Se busca la muerte para no volver a experimentar la mordedura de la muerte. Pero perder la angustia ante la muerte es haber perdido el estupor ante la vida.

Porque solo en la medida en que me sigo maravillando ante la vida, esta vida, la de Élisabeth, la de Jacob (Jacob es mi hijo), o incluso de Françoise (allí está, mi suegra), la muerte, en tanto que me priva de esta vida que amo, puede parecerme angustiosa. Y esa es la razón de que la angustia ante la muerte no sea el sentimiento fundamental de la existencia, sino primero y más profundamente, el maravillarse ante la vida.

Así que aquí va mi observación: la verdad no debe reducir mi deseo de felicidad, pero tampoco debe oscurecer en nada mi lucidez ante la muerte; así, la verdad solo puede revelarse en ese lugar de extrema tensión, en el sitio mismo de este desgarro. Lo que haría falta en el fondo, y aquí el zote estaría de acuerdo, es algo que asuma plenamente la muerte en la vida, algo como una resurrección. Porque para obtener un bello resucitado, os lo recuerdo, hace falta primero tener un triste muerto...

4. Y llego a mi segunda observación, subrayando en esta ocasión la palabra «protagonistas». La verdad de la situación es que estoy aquí con mi rostro, y ustedes están ahí con el suyo, y que nuestra búsqueda de un saber nunca debe

hacernos olvidar esta verdad: somos en primer lugar personas con nombres propios, y la mirada de cada uno hacia el otro parece contener un misterio más profundo que todas las enciclopedias. En consecuencia, si la respuesta a la pregunta nos llevara a un sistema universal que anulara las singularidades, si la verdad correspondiera a una gran inteligibilidad anónima que aboliera la consistencia de las personas, estaría falseada desde el origen. La verdad no podría ser ideológica, porque el diccionario Larousse está menos vivo que esa bella pelirroja[16], porque el Robert[17] es menos importante que Robert, porque un asunto cualquiera es menos precioso que un cualquiera y, en fin, porque el nombre común estará siempre subordinado al nombre propio, ya que, por así decir, el sábado se hizo para el hombre, y no el hombre para el sábado (Mc 2,27).

Pero no debería decir «el hombre», que es ya una peligrosa generalización. La filantropía ama al hombre, manda un sustancioso cheque a la asociación de caridad «Conciencia Tranquila»

---

16   «Rousse», en francés. (N. del T.)

17   Nombre de un popular diccionario en Francia (N. del T.)

(con una deducción fiscal del 50%), y es así como puede ignorar al prójimo que tiene delante. El totalitarismo también ama al hombre, trata incluso de traer el paraíso a la tierra para él: sociedad sin clases, Reich de los Mil Años, planificación familiar. De ese modo, puede eliminar a cualquiera como se elimina a un parásito. Lo que importa no es el hombre, sino Robert, Corinne, Fatima, Chögyam o incluso Fabrice... Esta es la realidad, por lo que la Verdad no solo no puede ignorar la diversidad de rostros, sino que solo puede obrar por su amor y comunión. Está menos en la guía que proporciona generalidades, que en el festival que reúne a invitados de todos los idiomas, pueblos y naciones.

5. Como explica el libro judío de los Proverbios (9,1-5): «La sabiduría edificó su casa, labró sus siete columnas; mató sus víctimas, templó su vino, y puso su mesa. Envió sus criadas; sobre lo más alto de la ciudad clamó: cualquiera simple, venga acá. A los faltos de cordura dijo: venid, comed mi pan, y bebed del vino que yo he templado». Estas palabras no constituyen una metáfora. La imagen del banquete marca la necesidad de que ninguno de esos pequeños se pier-

da (Mt 18,14). La sabiduría reclama en torno a sí una multitud de rostros. A sus ojos no importa que seas insensato —como tendrías que serlo antes de encontrarla, pues es ella la que da la sensatez—, no importa que seas indigno de abrir la puerta e incluso de sacar la basura, siempre que seas simple; es decir, que vienes a su banquete sin modales ni máscara ni maquillaje, sino solo con el tesoro de tu miseria y tu queja.

Aquí me tienen. Se acerca el final de mi exposición y ni siquiera he dado una respuesta, ni siquiera he planteado la pregunta; solo he intentado mostrar las condiciones de posibilidad para que se plantee con firmeza, para que pueda seducir al zote de la última fila y proponerle un fuego más ardiente que su radiador y tan concreto como su compañera de primero de Económicas y Sociales. Estas condiciones son cuatro. Paso a recapitularlas: 1° La encarnación: la verdad debe aparecer de modo encarnado, tan intensa como una mujer que se desnuda. 2° La prueba: la luz de la verdad, en la medida en que desborda paredes y altera la orientación de mi linterna, solo puede ser una luz inquietante; es decir, que no solo responde a mis preguntas, sino que me interroga a su vez, hasta el punto de que podría sentir deseos de deshacerme de ella. 3° El drama: la verdad no puede seguir solo una línea demostrativa, bajo especies intemporales y sin tormenta de un razonamiento abstracto; tiene que asumir una realidad dramática que implique la vida y la muerte. 4° La comunión de los rostros: la verdad no se reduce a una ideología, que es necesariamente mortífera por humanista que sea (porque el humanismo que canta al hombre ideal se vuelve siempre asesino de los hombres concretos); la verdad no puede ser sino una espléndida anfitriona que convoca a todos a una especie de farándula vertical, como en el Juicio Final de Fra Angelico, donde la danza no impide el recogimiento más íntimo.

Ahora bien, sucede algo curioso, y es que estas cuatro condiciones —la carne, la prueba y todo el estremecimiento— las encuentro en modo supremo en un texto en el que nada falta, ni la pregunta planteada ni la palabra que corresponde a una catedral, ni el zote que busca calor. Este texto, lo habrán adivinado, es la Pasión según san Juan. El zote que se calienta es Pedro, el primer papa: Simón Pedro andaba ahí calentándose. Le dijeron: «¿No eres tú también uno de sus discípulos?». Él lo negó y dijo: «No lo soy» (Jn 18,25). En cuanto a quien plantea la pregunta, ya lo saben, es nuestro querido Poncio, cuyo nombre propio se encuentra sorprendentemente en el Credo niceno-constantinopolitano, el único nombre de un personaje humano dentro del Credo, junto con el de María. Es algo lo bastante irónico como para que lo subraye: la gente del arzobispado de Rouen, Gérard, Adeline, Philippe, al invitarnos aquí y plantearnos la pregunta «¿qué es la verdad?», se ponen exactamente en la posición de Poncio Pilato. Entonces, ¿qué puedo hacer para responder? ¿Lavarme las manos? No, debería ponerme en la posición de Cristo... Ahora, Cristo, extrañamente, no responde... Pero lo mejor es leer un fragmento de esta Pasión que convendría releer entera y por la que, mejor aún, deberíamos dejarnos leer:

Entonces Pilato volvió a entrar en el pretorio, llamó a Jesús y le dijo:

—¿Eres tú el Rey de los judíos?

Jesús le respondió:

—¿Dices tú esto por ti mismo o te lo han dicho otros de mí?

Pilato le respondió:

—¿Soy yo acaso judío? Tu nación y los principales sacerdotes te han entregado a mí. ¿Qué has hecho?

Respondió Jesús:

—Mi Reino no es de este mundo; si mi Reino fuera de este mundo, mis servidores pelearían para que yo no fuera entregado a los judíos; pero mi Reino no es de aquí.

Le dijo entonces Pilato:

—Luego, ¿eres tú rey?

Respondió Jesús:

—Tú dices que yo soy rey. Yo para esto he nacido y para esto he venido al mundo: para dar testimonio de la verdad. Todo aquel que es de la verdad oye mi voz.

Le dijo Pilato:

—¿Qué es la verdad?

Y dicho esto, salió otra vez a donde estaban los judíos, y les dijo:

—Yo no hallo en él ningún delito. Pero vosotros tenéis la costumbre de que os suelte a un preso en la Pascua. ¿Queréis, pues, que os suelte al Rey de los judíos?

Entonces todos dieron voces de nuevo, diciendo:

—¡A éste no! ¡A Barrabás! —y Barrabás era ladrón—.

Así que tomó entonces Pilato a Jesús y lo azotó. Los soldados entretejieron una corona de espinas y la pusieron sobre su cabeza, y lo vistieron con un manto de púrpura, y le decían:

—¡Salve, Rey de los judíos! —y le daban bofetadas.

Entonces Pilato salió otra vez, y les dijo:

—Mirad, os lo traigo fuera para que entendáis que ningún delito hallo en él.

Y salió Jesús llevando la corona de espinas y el manto de púrpura. Pilato les dijo:

—¡Este es el hombre!

Cuando lo vieron los principales sacerdotes y los guardias, dieron voces diciendo:

—¡Crucifícalo! ¡Crucifícalo! (Jn 18,37-19,6).

6. Creo que no bastaría un mes para comentar este pasaje. Y muchas vidas para comprenderlo. ¿Qué decir, pues, en unos pocos minutos? Algunas notas breves, todavía no para responder, sino para que entendamos mejor cómo la pregunta se inserta en el drama por excelencia. De entrada, hay que hacer notar que la pregunta nace de una respuesta. Pilato no pregunta «¿qué es la verdad?» sino por el modo en que Jesús ha respondido a su pregunta: «¿Eres tú rey?». A Pilato le interesa el poder. Su lógica

es la del poder a través de la eficacia. Pero Jesús le revela otra ecuación: «Yo soy rey, y ser rey es ser testigo de la verdad». ¿Qué? ¿Que este pobre tipo medio desnudo, hijo de un carpintero, alucinado del desierto, objeto de burlas en la sinagoga, con su barba descuidada de blasfemo, es un rey? ¿Cómo puede darse la realeza en la vulnerabilidad de semejante testigo, y no en el poder del emperador? Se entiende la estupefacción de Pilato: «¿Qué es eso de esa verdad cuyo testimonio puede consagrar como rey al pobre inocente que eres? ¿Qué es para resultar más fuerte que la fuerza y para pretender manifestarse en tu debilidad?».

7. Otro comentario importante. Inmediatamente después de su respuesta a la pregunta «¿eres tú rey?» y antes justo de que llegue la pregunta «¿qué es la verdad?», Cristo opera una completa reversión de los valores. En efecto, uno esperaría que dijese: «Quienquiera que escucha mi voz pertenece a la verdad». ¿No es lo que dicen nuestros catequistas moralizantes? «Escucha lo que te dice Jesús y estarás en la verdad». Pero Jesús dice lo inverso: Quienquiera que pertenece a la verdad escucha mi voz.

Eso significa, por una parte, que se pueden escuchar los mandamientos de Dios, e incluso obedecerlos, sin pertenecer a la verdad y, por tanto, sin escuchar la voz de Jesús. Es el caso de los demonios. Los demonios pueden decir la verdad, como en Cafarnaum: «Sé quién eres: el Santo de Dios» (Mc 1,24). Y pueden también obedecer a Dios, cuando huyen a su orden: «Calla y sal de este hombre» (Mc 1,25). Sin embargo, aunque su declaración sea verídica, no viene de la verdad, sino de la arrogancia del orgullo. E incluso si su obediencia es inmediata, no procede del amor, sino de la sumisión al más fuerte. Se someten al mandato; no escuchan una voz.

Y eso es lo que significa esta frase, por otra parte: la verdad no se cumple en un sistema descarnado, sino en la escucha de una voz. No se trata de escuchar solo para someterse a un mandato, sino de escuchar una voz por ella misma, como se escucha la de un cantante y, aún más, como se escucha la del ser amado. La voz es la palabra hecha carne y la expresión de una persona. Antes he hablado de rostros, pero podría haber hablado de voces. En la verdad, la voz no es sino el vehículo de una idea o el medio de un signo. Porque lo inverso es aún más cierto: la idea no existe sino para hacernos entender el carácter irreemplazable de cada voz y empujarnos a acoger en el inmenso coro de quienes escuchan la voz del Verbo encarnado como la de un director de coro y de un ser amado.

8. Tercera y última observación: justo quien ha dicho haber venido al mundo para dar testimonio de la verdad, Jesús, no responde cuando Pilato le pregunta «¿qué es la verdad?». Es, sin embargo, el momento, la ocasión soñada para dar un testimonio tal como se le suele entender: una especie de largo discurso autobiográfico, con anécdotas conmovedoras, salidas de túnel hacia la luz, epílogos de «success story». Del mismo modo que podía convocar una legión de ángeles que le defendieran, Cristo podía pronunciar un testimonio irresistible. Pero no responde. Pilato sale del pretorio. Y Jesús se deja conducir como cordero al matadero.

He aquí que soporta en silencio que el pueblo prefiera antes que a él a un bandido que se llama irónicamente Barrabás, es decir, Hijo del Padre. He aquí que soporta en silencio que los soldados le flagelen, que trencen una corona de espinas, que le revistan de púrpura en son de burla. He aquí, en fin, que no hace nada para que aquellos a los que ama no le crucifiquen. Mientras tanto, Pilatos ha pronunciado esta frase: «He aquí el hombre». Para él es una frase banal que lanza a la multitud: «Aquí tenéis a este pobre tipo al que queréis condenar». Pero esta salida tiene otro sentido que se le escapa. Es una respuesta que no lo parece a su pregunta, que no obtuvo ninguna.

—¿Qué es la verdad?
—He aquí el hombre

Todo se decide ahí, en el paso de una pregunta abstracta a una presencia concreta, en convertir una solución teórica en una llamada de carne y sangre. El zote no tenía preguntas, porque él mismo era una gran interrogación somnolienta. Por eso Cristo no tiene respuesta, porque Él mismo es la respuesta.

9. Y aquí viene otra coincidencia a sorprendernos a medio camino entre el suceso de nuestro encuentro y el suceso que acabamos de rememorar. Porque, si tenemos que reconocer la primacía de los nombres propios y la irreductibilidad del drama y acoger, por tanto, lo que nos

trae el momento y corresponde al lugar en el que nos encontramos, estamos entonces obligados a constatar que nuestra pregunta reintegrada en la Pasión de Cristo se despliega de forma casi increíble en la aventura de una joven que vivió por los alrededores, una joven, podría decirse en un sentido, de primero de Económicas y Sociales, o su equivalente del Siglo XV, la doncella cualquiera y por eso mismo única que vivió y murió por aquí cerca, que vivió y murió justamente porque supo responder a la pregunta de la verdad de tal manera que solivantó a los zotes de alrededor.

No he dado nombre a la joven a la que he hecho referencia. Supongamos que se llama Juana y que mi zote se llama Carlos, o bien La Hire. Antes me han enseñado el tribunal, justo detrás de mí, hacia mi izquierda, donde Juana, de 19 años, fue juzgada por el señor Cauchon (fue allí donde, en venganza, me honraron con un cóctel) ; y mis anfitriones me han prometido llevarme luego a la plaza cubierta de hortensias donde quemaron a esta misma doncella (digo «doncella»; pero aquí, en esa época, no se la llamaba «doncella de Orleans»; se prefería llamarla «la puta de los Armagnacs»). Tampoco para ella era el rey el más fuerte, sino alguien necesitado del socorro de la fragilidad de una muchacha campesina; también para ella la «voz» era más importante que las interpretaciones sistemáticas de su contenido; también para ella la respuesta no estaba en última instancia en un discurso —«¡Pase a la siguiente!», ordenaba al demasiado curioso inquisidor—, sino en la ofrenda de sí misma, entera, con la mano en el fuego y el cuerpo, convertido en cenizas, arrojado al Sena, con la luz de la verdad convirtiendo su alma y su carne en antorcha para iluminar «la gran piedad del Reino de Francia».

En lo que a mí respecta, ¿he respondido? ¿Acaso no habría preferido pedir «¡pase a la siguiente!»? Que me perdonen: apenas he planteado la pregunta. Al menos he podido ver con ustedes que la verdad se nos imparte, sin duda; pero aún más, nos parte. Y también, no ya con una boca que imparte, sino sobre todo con un corazón siempre más partido de amor y alegría por mis hermanos, que un día, espero, con la gracia de Dios, poder responder verdaderamente.

EL DEBATE

Gérard Vargas

Venimos a oír dos discursos bien tramados con puntos de vista que se nos antojan muy distintos. La primera pregunta que les quiero plantear es para saber cómo reacciona cada uno de ustedes a la exposición inicial que ha hecho el otro. ¿Qué hay en ella que les parezca sorprendente o intrigante? ¿En qué no están fundamentalmente de acuerdo? ¿Cuál sería, al contrario, el punto en el que podrían encontrar un terreno común?

¿Cuál de los dos Fabricios quiere empezar aportando su reacción para iniciar el debate?

Fabrice Hadjadj

¿Sabe? ¡Nos parecemos más que en el nombre! En realidad, seguimos teniendo muchas otras cosas en común: el origen judío, en primer lugar, y luego nuestra admiración por Rilke, el amor a la pintura e incluso el hecho de que he vivido durante mucho tiempo en Puteaux, justo al lado de esa torre en la que vive hoy Fabrice y a cuya sombra solía soñar de niño…

Por lo que se refiere al debate, no pienso decir que no estoy «de acuerdo» con lo que Fabrice Midal acaba de decir. Pero, si estoy «de acuerdo», es necesario al menos que este acuerdo sea musical y dé paso, si no a la disonancia, al intervalo, entonces, de las voces. Hay, por lo demás, al menos dos preguntas que me gustaría plantearle para marcar bien este intervalo.

La primera pregunta es un poco simple y general. En cualquier caso, no es esencial. Se trata de su manera, a veces, de hablar sobre Occidente: acusar a Occidente de todos los pecados, ¿no es sucumbir a una especie de autoflagelación, a cierta facilidad de vocabulario casi mediático? Porque, ¿qué es Occidente para quien procede de Atenas y Jerusalén?

Sobre todo, porque en tu intervención, Fabrice, no has dejado de apelar a Occidente, ya sea por el idioma que hablas, o con Rilke, Heidegger, que estaba en el fondo de tu discurso, o Monet, que ha ocupado el primer plano. Hubo una crítica a Platón en algún momento, pero no has temido hacer la defensa de Sócrates... Mi primera pregunta, por lo tanto, es sobre el lugar que Occidente ocupa en tu discurso.

En cuanto a mi segunda pregunta, marcaría, creo, una divergencia de fondo.

En tu intervención, has hablado del «continuo ininterrumpido» entre el nirvana y el samsara. La primera vez que nos encontramos (fue en un restaurante de cuscús cerca del Boulevard Saint-Michel) te pedí que valoraras la siguiente postura: salir de la dualidad para entrar en la unidad está muy bien, me apunto, pero siempre que no suponga perder diversidad. Por tanto, la segunda pregunta que quería plantear esta noche es esta: ¿Qué consistencia le das a la diversidad de voces y rostros?

¿Crees que la verdad de nuestra vida consiste en la desaparición o la evanescencia de las personas en un primer principio, en una especie de reabsorción o de salida de la ilusión? ¿O crees más bien que cada rostro existe para vivir eternamente?

Te lo pregunto porque, en un momento dado, has hecho una crítica del «yo-yomismo-y-aún-más-yo». Crítica que es además muy occidental si recuerdas el pascaliano «el yo es aborrecible». Estoy muy de acuerdo en que hay que ir al encuentro del otro; pero, a mis ojos, esta apertura del yo hacia el otro es exactamente lo contrario de una aniquilación, porque el amor supone siempre dos personas, siendo la unión de dos, irreductiblemente, e incluso su fecundidad en un tercero... Si la verdad, como la has dicho, como quizá yo también la haya dicho, está en el amor, debe ser la comunión de personas distintas y no de una simple «no dualidad».

Fabrice Midal

Respondo a tu primera pregunta.

Como has subrayado, efectivamente he buscado el apoyo de Occidente con Píndaro, Homero, Rilke, Mandelstam, Monet... Es difícil mostrar mejor mi preocupación por Occidente y el hecho de que de ninguna manera pretendo despreciarlo. No he pretendido acusarlo de sus defectos y, si se ha entendido así, he de decir que es lo contrario de lo que quería decir. Solo quiero aclarar que hay algo en Occidente que se ha alejado de sí mismo. Algo de Occidente ya no se comprende. El modo en que hemos dejado de entender la poesía, en que hemos separado con desgarro la razón y el sentimiento nos impide entender algo de lo que, sin embargo, constituye la grandeza de Occidente, tal como se presenta en los pensadores griegos de Heráclito a Aristóteles.

Pero en el fondo poco importan Oriente u Occidente; lo que importa es la verdad. Lo que importa es cómo la vía que ha introducido Buda puede permitirnos estar en relación con la experiencia real adecuada a cada uno de nosotros. Una experiencia que se pierde constantemente y cuya escucha podría permitirnos encontrar el verdadero significado de Occidente. Si me he vuelto hacia la palabra y el camino de Buda es por fidelidad a Occidente, sin ningún interés por el exotismo.

Paso ahora a la segunda cuestión.

Fabrice Hadjadj

¿Habrá siempre dos Fabrice? Esa es la cuestión.

Fabrice Midal

Estoy completamente de acuerdo con lo que has dicho sobre la «pseudosabiduría» de un desapego que, al no apegarse a nada, no establece relación con nada. Pero es justamente eso la verdad del mensaje de Buda. La primera verdad que enseña Buda es la verdad del sufrimiento, que es cierto. Estamos en relación con el sufrimiento y eso es inescapable. Es la verdad. Como decía mi maestro, Chögyam Trungpa: «Sufrís, sufriréis. Si queréis un mantra, aquí tengo uno perfecto para vosotros». Nada hay, pues, más falso que esta invitación tramposa del entretenimiento: estar en el desapego. La voz de Buda me invita a abrir todo lo posible mi corazón a la totalidad del sufrimiento del mundo y en absoluto a entrar en un desapego.

Si vemos que el budismo se presenta a menudo así, es porque se trata de un malentendido; tiene más que ver con la ignorancia de Occidente, hoy al parecer entregado resueltamente al entretenimiento, que a la verdad espiritual de la que Buda es testigo. Por tanto, si he mencionado ese hilo subyacente, ininterrumpido, es para mostrar la secreta continuidad que está en el núcleo de toda experiencia, una continuidad secreta que hace que exista una unidad tras los azares de nuestra existencia. Por otra parte, no hay, más allá de la dualidad, una forma de unidad que haga que todos los gatos sean pardos de noche por el hecho de que no se vean.

El «yo-yomismo-y-aún-más-yo» es esa crispación que nos impide entrar en relación con la verdad porque lo único que proclamamos entonces es nuestra angustia, nuestro miedo no reconocido. El problema, evidentemente, no es perder «lo que nos es propio», al contrario. El yo no es aborrecible; es ilusorio, un efecto óptico que oculta nuestro mismo ser. Si he entrado en la vía de Buda es porque consiste en un modo de aprender, de la forma más amplia, a dejar ser lo que soy propiamente. Y lo que soy propiamente es lo contrario del «yo-yomismo-y-aún-más-yo». Monet se eclipsa para que aparezca la catedral. En el lenguaje budista, que he tratado de evitar en mi exposición, Monet es el mejor ejemplo del «no yo». No muestra «su» interpretación sentimental de catedral, su «yo-yomismo-y-aún-más-yo». Desaparece por completo ante el modo en que la catedral se le ofrece históricamente, como recuerdo que tiene sentido y nos abre un mundo.

La gran inteligencia del budismo consiste en llegar a distinguir el «yo-yomismo-y-aúnmás-yo», que se puede llamar, en Occidente y siguiendo, por ejemplo, a Molière y a todos los moralistas franceses, «amor propio» de nuestro ser, que sigue siendo un misterio, incluso un secreto. Nunca podemos ser poseedores de nuestro propio ser; se nos escapa su permanencia. Desde este punto de vista, la idea que a veces se tiene del budismo, según la cual uno estaría, más allá de la dualidad, en una especie de gran sopa, no tiene nada que ver con el mensaje de Buda. Basta ver al Dalaï Lama para constatar hasta qué punto es singular, singular en sí mismo. No se parece nada a un monje zen como Shunryu Suzuki.

El despertar es ser ampliamente lo que somos. Mis maestros eran sencilla y plenamente lo que eran, mientras que yo, ¡llevo tan mal ser lo que soy! Siento vergüenza, apocamiento, miedo al miedo. La aniquilación del yo no está en absoluto en la agenda de una perspectiva budista. Para un budista, el yo es solo una ficción que oculta la plenitud de nuestro ser. Ver a través de él es ver de verdad.

Perdemos un tiempo loco, una energía loca y sufrimos incesantemente tratando de establecerlo. La prueba de que Buda tiene razón es que nunca llegaremos a mostrar dónde está el yo; es un misterio, es siempre otro...

No sé lo que soy. En el amor —en la relación amorosa o de amistad—, el otro me hace descubrir lo que soy, me hace llegar a ser lo que soy. No lo soy de entrada.

Pensamos siempre que cuando Paul ama a Marie y Marie ama a Paul, es Paul quien decide amar a Marie y que Marie decide amar a Paul. Pero quizá sería mucho más justo pensar que es el amor el que les ofrece a ambos lo que son y que no eran previamente. No tienen por tanto identidad y no tienen, por tanto, un yo.

La prueba de que no tenemos un yo es que, si Paul pierde a Marie, tiene la impresión de que ya no es lo que era, tiene la impresión de que le falta algo, no solo Marie, sino él mismo. No se siente verdaderamente vivo. Creo, por tanto, que se puede decir que el «no yo» es la verdad más simple de la existencia humana. No se trata de una aniquilación del yo, que sería la cosa más absurda del mundo. Pero la voz de Buda nos invita a reconocer que no sirve de nada luchar por tener un yo sólido; eso nos agota y nos hace infelices. Es un desapego en un sentido completamente distinto al que se nos dice, el que se encuentra entre los místicos de Occidente que tanto gozo me produce leer. Este desapego es un acto de confianza más hondo.

Fabrice Hadjadj

La noción de «no yo» es problemática en sí misma, sobre todo cuando es una persona, un ego, quien la proclama. Y, además, hay una oscilación en tu discurso. No me atrevería a decir una contradicción, porque las cosas que tratas de sacar a la luz son difíciles. Digo una oscilación, que no es una vacilación, que tal vez corresponda al balbuceo ante el misterio. Sin embargo, dices que la aniquilación del yo no está en la agenda y dices al mismo tiempo que el «yo» es ficticio. ¿Cómo podría no concluir que, si no hay un yo que aniquilar, es porque el yo ya ha sido aniquilado?

Cuando Cristo dice quién es, dice «Ego sum». Os he leído un pasaje de la Pasión según san Juan. En esta Pasión que se recita el Viernes Santo, cuando se le pregunta a Pedro —es decir, al zote que se calienta junto al radiador— si es él uno de los discípulos, no responde «no formaba parte» o «yo no pertenezco», como se lee en algunas traducciones, sino literalmente, siguiendo una forma griega y latina, «no soy» (*non sum*). Es Cristo quien es «ego» y Pedro quien no lo es en ese instante, y ahí precisamente está su falta. Su falta no consiste en no haber disipado la ficción de su yo, sino, al contrario, en no haber asumido plenamente su realidad, aquella que al decir «soy», hace decir al mismo tiempo: «Sí, estoy con el otro, con él, con este galileo». Como constataba Martin Buber, el Yo es siempre, en su afirmación más fuerte, relación con el Tú. Se podría decir, apoyándonos en un recurso propio del francés, que el *je suis* («soy») del verbo *être*, «ser», implica siempre también el *je suis* («sigo») del verbo *suivre*, «seguir». Y sirve también para el propio Jesús. Dice en verdad «Ego sum», «soy», porque es el Hijo único enteramente entregado al Padre. En una palabra, el «yo», en su esencia, no es el «a mí»; es el sujeto de un encuentro, no el tirano de un acaparamiento. El «yo» es siempre receptividad y ofrenda. Recibo de otro y me entrego a otro. Es más bien la pérdida del «yo» lo que me hace caer en la dominación y la invasión. Cuando no sé ser yo mismo en la relación me pongo a envidiar o a despreciar al otro, o bien quiero ahogarnos en una ósmosis anónima. Esta petrificación y esta disolución son dos pérdidas del ego, porque ni la estatua hueca ni el charco turbio son el Yo vivo.

Dios se revela como Trinidad, es decir, comunión de personas. De tal modo que la propia unidad se manifiesta en una relación de alteridad. Esto corresponde a lo que decías justamente del amor. El amor supone personas, pero estas personas no se desarrollan, su «yo» no se declara verdaderamente sino en su relación amorosa. Marie y Paul no son ellos mismos sino siendo Marie con Paul y Paul con Marie en la verdad y en el amor. Tras lo que has dicho oigo una aproximación al Dios trinitario.

Adeline GOUARNÉ

Fabrice Midal, en su último libro analiza la asfixia del misticismo en la religión católica a finales del siglo XVII. ¿A qué puede atribuir este miedo de Occidente a la mística? Y ¿es la mística misma compatible con una Iglesia?

En cuanto a usted, Fabrice Hadjadj, que pone en valor la importancia de las instituciones, ¿cree que la institución podría contener la relación totalmente personal del místico con la divinidad o la esencia suprema?

Fabrice Midal

Su pregunta hace referencia, efectivamente, a mi último libro, titulado *Et si de l'amour, on se savait rien?*[18]

En ese libro dedico un largo capítulo a *Madame Guyon*, cuya lectura me ha conmocionado e iluminado profundamente porque el modo en que habla de la oración es de una perfecta necesidad. Sus observaciones me han recordado la meditación que está en el núcleo de la tradición budista. Y me ha sorprendido descubrir que en Occidente había una vía que insistía con igual fuerza en la desapropiación de sí mismo, en la ausencia del yo y en la posibilidad de un amor puro, sin motivo ni pretensión. Un discurso muy diferente del discurso convencional que conozco del cristianismo y que me ha sacudido.

---

18   Fabrice Midal, *Et si de l'amour on ne savait rien?,,* Paris, Albin Michel, 2010.

Es cierto que a Madame Guyon, como subraya el abad Brémont en su magistral *Histoire littéraire du sentiment religieux* (1), no se la ha comprendido. Sin duda conocerá la historia: madame Guyon fue enviada a la Bastilla por Bossuet. Y Fénelon, por mantenerse leal a quien era su maestra, perdió todos los honores y la carrera que habría podido tener. Esta relación entre Fénelon y madame Guyon es conmovedora. Pero, como la mayor parte del tiempo son teólogos los que escriben la historia, se presenta a madame Guyon bajo una luz muy negativa. La convierten en una especie de histérica que habría logrado seducir a Fénelon, sin escuchar lo que el propio Fénelon dice de madame Guyon y de la extraordinaria fidelidad que le guardó toda su vida. Madame Guyon fue por tanto condenada por Bossuet, el rey y el papa, que no comprendieron a la mística. El abad Brémont subraya que esta condena representó el crepúsculo de la mística en Occidente. Si yo mismo hubiera conocido personalmente a Madame Guyon, es evidente que no habría tenido la idea de recurrir a la vía de Buda. Pero madame Guyon fue encerrada en la Bastilla, y algo se ha perdido de esta tradición de los más grandes Padres de la Iglesia. Creo que el análisis del abad

Brémont es de una extraordinaria finura y lo encuentro muy convincente. Los textos de madame Guyon están entre los más bellos que he podido leer a lo largo de mi vida. Creo que su meditación de Cristo alcanza la verdad de un modo eminente. Pero no querría en absoluto que se entendiera en lo que digo la menor crítica con respecto a la institución y a la Iglesia. La institución, en tanto que introduce y transmite un mensaje, puede ser el espacio mismo de la verdad.[19]

¿Por qué a partir de un momento deja de comprender la mística y se vuelve abstracta, preocupada primeramente por su propia conservación?

Pero dese cuenta de lo difícil que es responder a su pregunta. Monet trataba de ser tan bueno como fuera posible, sin pensar en revolucionar la historia de la pintura occidental por completo. En ese sentido, era mucho más tradicional, conservando viva la verdad de la pintura, que los pintores academicistas de su tiempo. El

---

19   Henri Brémont, *Histoire littéraire du sentiment religieux en France (1916-1936)*, Grenoble, Jérôme Million, 2006.

espíritu de anticuario que denuncia Nietzsche es lo más opuesto a la tradición.

Nuestro problema como hombres del siglo XXI es que la institución ha dejado de ser el espacio de eclosión del mensaje y el guardián de su transmisión. Ese es el sentido de la observación ya citada de Rilke y que puedo releer: «Nuestras tradiciones han dejado de ser conductoras, ramas muertas que ya no alimenta la energía de las raíces».

Vivimos un tiempo muy singular en el que la institución ha dejado de ser portadora de la verdad. Un primer testimonio de esto es el estado de la universidad francesa, que no es en absoluto el espacio donde la filosofía alcanza su despliegue más adecuado, sino que atraviesa una situación de avanzado deterioro.

¿Cómo instituir un espacio de verdad y un espacio de transmisión? Eso es lo que me parece crucial.

Una nota: hablo aquí como budista. Dependo de la lealtad a mi propia tradición, donde el papel de la institución es evidentemente muy diferente. No siendo católico, no me pronuncio sobre la institución católica, a la que conozco muy de lejos. En el budismo, la institución es la custodia tradicional de la verdad, transmitida de maestro a discípulo. Es el único espacio posible de la vida mística, es decir, de la vida que no pone el bienestar del yo en el centro de su proyecto. Para ella, lo importante es la desapropiación radical que es y descubre el único espacio en el que la verdad se muestra.

Fabrice Hadjadj

Madame Guyon es, sin duda, admirable. La he leído un poco; el gran poeta Valère Novarina me ha hablado mucho de ella y se queja, con razón, de que la autobiografía de esta gran mujer solo exista en ediciones costosísimas. Pero ¿por qué hurgar siempre en la obra de místicos con fama de heterodoxos? Se puede acudir a autores muy ortodoxos, incluso obispos, hombres de la institución, ahí lo dejo, y que fueron como poco tan enardecidos como madame Guyon. Estoy pensando en Louis Chardon, en el cardenal Bérulle o en san Francisco de Sales, de quien no hay que olvidar su *Tratado del amor de Dios*. Tengo entendido que Francisco de Sales es el doctor de la Iglesia más citado durante el Concilio Vaticano

II. Es decir, la institución de la Iglesia —pero prefiero llamarla mi Madre— no es reticente a la verdadera mística.

Fabrice Midal tiene toda la razón cuando habla, siguiendo al abad Brémond, de un cierto giro en el Siglo XVII con respecto a la cuestión del lugar que ocupa lo místico en el catolicismo, si es que se puede decir así. Es cierto que la mística ha traído problemas y trae problemas. Pero creo que tenemos justamente que reconocer de entrada que la mística trae problemas antes de descartar la institución diciendo: «Se ha olvidado la mística, esto no está bien, etc.».

¿En qué supone realmente un problema la mística? No es solo porque sería la afirmación de una experiencia directa con Dios y, por tanto, una rebelión contra la institución... razón por la que se preferirían los místicos heterodoxos a los ortodoxos: estos últimos caminarían aún a través de las meditaciones institucionales y su experiencia no sería lo bastante directa, lo bastante inmediata, lo bastante fulgurante... Pero ¿en qué consiste esta inmediatez? ¿Qué supone una relación de amor sin vueltas y revueltas, sin preliminares, sin la mediación de una comunidad? Una aventura, sin duda, si no una violación. Y todo esto, disfrazado de gran fantasía romántica.

La cuestión ya la plantearon los judíos. Un conflicto del mismo tipo se dio en la comunidad judía aproximadamente hacia la misma época, o justo un poco más tarde, con la aparición de los movimientos hasídicos. Estos movimientos insisten en una relación más directa con Dios, una relación de tipo afectivo y místico. Contra esta tendencia surgió en seguida el movimiento de los misnagdíes, más rabínico y legal (no he dicho legalista). Resumiendo, venían a advertir: «¡Cuidado! Esta relación directa con Dios en el éxtasis o en una experiencia que se presentaría como un absoluto corre el riesgo de llevar al triunfo del subjetivismo». En efecto, ¿cómo conservar la relación con Dios como con un otro? ¿Cómo mantener la relación con Dios como la relación con un ser que tiene un mensaje y que exige que entre en relación con los demás? La deriva de los misnagdíes llegará a decir —cosa aberrante para un católico— que hay que «amar la Torá más que a Dios». Porque si digo sencillamente que «amo a Dios», me arriesgo a entrar en una religiosidad vaga y privada. Pero si digo que «amo la Torá», entonces escucho los mandamientos de Dios, que no son vagos, que me implican en una comunidad. Entro en algo articulado y que articula también mi relación con los otros. Dios llega con un rostro propio que yo no he fabricado, que no es sencillamente el «no yo» o la ausencia del yo. Porque, con el «no yo», sigue quedando el yo, la única realidad positiva que cuenta, y todo lo demás no es sino negativo… La verdadera cuestión es saber cómo voy a abrirme a una transcendencia concreta que se revela con su mensaje inaudito y su rostro inesperado. Un otro que dice: «He aquí cómo me llamo —Jesús, por ejemplo—, y tú te llamas Fabrice y vengo a llamarte por tu nombre, y me gustaría que escucharas mi voz, y estos son los mandamientos que mi voz pronuncia como lo que te libera de todo mal…».

¿Se acuerdan quizá de esas admirables palabras de Juan XXIII cuando decía que «todo concilio es un encuentro con el Rostro del Resucitado»? Los dogmas de la Iglesia no son clausuras; son aperturas del Cielo. En ese sentido, todos los dogmas son problemáticos porque abren fallas y revelan abismos: ser uno y trino, verdadero Dios y verdadero hombre, inmaculada y redimida, o también la misericordia infinita de Dios y la posibilidad del infierno... En esta tensión extrema, los dogmas experimentan una transcendencia que me llega con un rostro que no habría podido inventar. Que no es absurdo, no, pero que supera mi razón, como todo rostro del otro. Los dogmas son como los rasgos del rostro de Dios, y los sacramentos suponen tocar su Cuerpo. Me impiden entregarme a un ídolo que yo mismo podría fabricar. Me prohíben también esa idolatría más sutil que es la destrucción de ídolos, en la que quedo fascinado con mi martillito y, por tanto, por la adhesión de mi yo a mí mismo.

La cuestión es la siguiente: cómo conseguir que la mística no pierda de vista la relación real con un otro real. Cómo conseguir que no pierda la mediación, esa ritualización que permite la hospitalidad, que prepara un espacio para el encuentro con el otro, que llega con su propio rostro. Esta cuestión de la mediación es precisamente la cuestión de la institución. Pero algunos van a decir: «Quiero tener una relación con Dios, pero no veo por qué tiene que pasar por un cura... además, imagina que se descubre que es un pedófilo». De acuerdo, pero ¿qué nos dice Cristo? «Irás hacia mí yendo hacia tu prójimo». Recordad las palabras de san Juan:

El que dice: Yo le conozco, y no guarda sus mandamientos, el tal es mentiroso, y la verdad no está en él (1 Jn 2:4). Y si alguien dice: «Yo amo a Dios» y odia a su hermano, es mentiroso. Porque el que no ama a su hermano a quien ha visto, no puede amar a Dios a quien no ha visto (1 Jn 4:20).

El peligro es el de una falsa mística que, pretendiendo abolir el yo, abolirá la mediación y la relación concreta con el prójimo. De ahí la necesidad de una mediación, de una relación con el otro. Teresa de Ávila decía (cito de memoria; la frase no es así, pero sí la idea): «La prueba de que habéis hecho bien oración es que, al salir de la oración, tenéis mayor caridad fraterna». Podríais vivir los mayores éxtasis ‹mistificantes›; pero, si no tenéis una mayor caridad fraterna al salir de ellos, serán éxtasis nulos, las bodas místicas con el demonio, ese demonio que sabe muy bien, como dice san Pablo, disfrazarse de ángel de luz (2 Co 11,14). El maestro Eckhart hace una observación análoga a la de Teresa de Ávila (vuelvo a citar de memoria): «Si estás en medio del mayor arrobo místico y un pobre viene a llamar a tu puerta pidiendo un poco de sopa, deja el éxtasis, llena un cuenco y ve a servir al pobre». Eckhart es, además, de los pocos que interpretan el pasaje de Marta y María diciendo que Marta es la mejor de las dos. María está a los pies de Cristo y le escucha. Pero Marta ha ido ya más lejos en una contemplación que se desborda en apostolado. Ese es el reto. No hay, ciertamente, que abolir la mística, o se caerá en el moralismo. De este modo se han elaborado catecismos que eran cursos de educación cívica, lo que también es demoníaco; no hay otra palabra. Pero tampoco hay que caer en un misticismo que olvide el carácter irreductible de la relación ética. El corazón de la mística —es decir, su intimidad nupcial— es la unión con el completamente otro, y este otro, para no ser una abstracción o una fabricación, se experimenta a través del otro concreto que es mi prójimo, y también a través de mandamientos y esas órdenes que él mismo ha instituido como preparatorios de sus bodas.

He escrito un libro titulado *La profundidad de los sexos*. En ese libro digo que el matrimonio es algo misterioso y especialmente místico. Porque ir hacia Dios entrando en un monasterio es bastante obvio. Pero ir hacia Dios yendo hacia Micheline, que acaba de echar a perder su *blanquette* de ternera, eso es mística radical. Es a esta mística concreta a lo que se nos llama, una mística que pasa por la receptividad al otro en cuanto otro. De ahí los dogmas, de ahí los sacramentos, de ahí la mediación del prójimo. Sin esto me arriesgo a adentrarme en un misticismo que es una religiosidad amorfa del «no yo».

No lo digo en oposición a la intervención de Fabrice Midal. He escuchado bien a Fabrice, al otro Fabrice, y hay en él una receptividad fundamental a un otro que es real. Un otro que se da y que no es la simple negación de sí mismo. Pero tengo que insistir en la importancia de la institución de la Iglesia, que es la institución instituida por el propio Cristo. Por lo demás, claro, se puede ser un miembro de la jerarquía de la Iglesia y convertirse, como dice Fabrice Midal, en una rama muerta, sin savia, que será arrojada al fuego, como previene Cristo a propósito de los sarmientos secos. Pero deplorar estas ramas sin savia no debe llevarnos a la aberración no menor de esperar una savia sin ramas. Esa fantasmagoría de una savia que apareciera así, sin las ramas y sin las raíces, sin historia, sin cotidianidad, es la fantasía de un misticismo ciego y que surge, si puedo expresarlo así, de una especie de onanismo mental.

Fabrice MIDAL

Soy el primero en reconocer que una savia sin ramas ni raíces sería una forma de misticismo ciego. Pero no creo que la verdadera mística suponga un problema, sino más bien su olvido radical. Y esto se advierte en la desconexión de los hombres del siglo XX, incapaces de mantener una relación real con su propia existencia. Vivimos como separados de lo que sentimos, de la realidad del mundo; todo pasa a través de una mediatización «irrealizante». La mística es la vía de la experiencia. Tenemos verdadera hambre de ella. Solo un punto que necesito precisar: cuando hablo de «no yo», hablo de un hecho de nuestra existencia. Yo no soy lo mismo que era hace diez años. Tengo que morir a lo que era. Mi identidad no queda nunca fija de una vez por todas. Es únicamente eso lo que entiendo por «no yo» y, por tanto, en el «no yo», el yo no entra realmente en juego.

Fabrice HADJADJ

Es la conciencia vaga o tensa; al final, la superficie de un yo que ignora su propio abismo.

Fabrice MIDAL

En cuanto a decir que la mística corre el riesgo de caer en el triunfo del subjetivismo, es retomar una causa judicial que no se ha dejado de ejercer contra la mística. Ahora bien, en el nombre mismo de la mística, me veo obligado a estar en profundo desacuerdo. Es un falso riesgo. La mística no ha sido nunca el triunfo del subjetivismo, precisamente porque la mística es el abandono radical de la subjetividad. La verdad de mi ser no es ser un «yo» ni un «sujeto» frente a los objetos y frente a los otros sujetos. El problema de esta oposición entre el otro y yo es que establece una barrera entre el otro y yo que no existe y que crea una imposibilidad de relación. La relación solo es posible a partir del momento en que, como he dicho antes, no es el yo-yomismo-y-aún-más-yo quien ama al otro, y el otro quien ama a este yo-yomismo-y-aún-más-yo. Hay una apertura mucho más radical: la experiencia misma que nos transmiten los místicos.

Creo, por tanto, que esta acusación constante según la cual la mística sería el triunfo del subjetivismo es de una gran mala fe. Es esta misma mala fe la que condenó a madame Guyon y de la que veo que no acabamos de salir cuando se dice que el pobre será el otro. Este discurso sobre el otro me parece demasiado abstracto. Yo no hablo nunca a un otro, hablo a alguien que me conmueve, que me sacude o que me irrita. Hay un momento en que me siento trastornado o emocionado ante el sufrimiento de alguien y algo se abre de modo mucho más amplio. Sin caer en una forma de unidad en la que ya no habría ni yo ni otro, creo que esta solidificación del yo y del otro, que crea la necesidad de una mediación, exagera infinitamente el problema. Basta leer a cualquier místico, san Francisco de Sales —cuya obra me satisface haber publicado como editor junto a la de madame Guyon— o el maestro Eckhart, para descubrir que esa no es en absoluto la verdad de nuestra experiencia. Y, si he citado a Monet, es porque se hace evidente que el hecho de que no muestre su sentimiento personal frente a la catedral no hace en absoluto que entre en una forma de objetividad descarnada. Algo sucede de verdad en sus lienzos que es absolutamente estupefaciente. En los cuadros de los puentes de Rouen de Pissarro, se ve a Pissarro frente al puente. Pero lo absolutamente inaudito en los cuadros de la catedral es que no hay un Monet frente al otro.

Algo sucede de verdad. Y en eso que sucede, no caemos en el subjetivismo. ¡Al contrario! Monet es testigo de una experiencia absolutamente radical donde deja de haber yo y otro, pero donde algo sucede, algo que me parece la verdad más grande. Creo que es la verdad de la mística y que madame Guyon tenía razón.

Fabrice HADJADJ

No he criticado la mística, sino el misticismo. La mística al alcance de todos, como experiencia directa, tangible, pero también discreta, existe para los cristianos, a través de la institución de la Iglesia que se da. Se trata de la masticación eucarística. Comer la carne de Dios, ¿no es esa una experiencia lo bastante cruda? Por lo demás, si el discurso sobre el otro es demasiado abstracto, entonces hablar de Fabrice, de Gérard, de Adeline y de Philippe sería pura abstracción... Y esta *disputatio* no habría tenido lugar (he aquí la abstracción más enloquecida). Además, si no hay absolutamente ningún problema, como dices, no veo por qué ves la necesidad de defenderte.

Fabrice MIDAL

No creo que la relación yo-otro sea una cuestión central.

El núcleo de la tradición budista es la vía del Bodhisattva, del héroe cuyo despertar beneficia a todos los demás. La relación con el sufrimiento de los demás es la cosa más importante. Tener por perspectiva el mayor amor, en el que la apertura del corazón no se aparta del sufrimiento de los demás, es absolutamente crucial en el budismo. Y para eso no hay necesidad de hacer más rígidos el «yo» y el «otro», como no hay necesidad de una mediación.

Fabrice HADJADJ

Es verdad que se puede temer la solidificación de los fósiles, pero también se puede recelar del reblandecimiento de los invertebrados. En el fondo, aquí todo gira en torno a la concepción misma del amor. Cristo dice: «Yo y el Padre somos Uno» (Jn 10,30). Hay por tanto un yo y un otro, pero ese otro, que es otra persona, no es sin embargo otra cosa, ya que el uno y el otro son un solo Dios. Es aquí donde se sitúa el matiz que podría permitirnos escapar de lo que quizá no sea más que una batalla de palabras. Hay, desde luego, cierto «continuo», pero también hay una diversidad real, y es por ello que sería preferible hablar de comunión. Es la primera pregunta que te planteaba y que sigue siendo fundamental: ¿admites la consistencia de esa diversidad? Naturalmente que las palabras «yo» y «otro» pueden criticarse en su uso y abuso. Ya he criticado, por lo demás, la alteridad citando el error de imaginarla como un «no yo» y no como lo que está delante de mí o lo que me llega a mi pesar, o incluso lo que me toca, como has dicho tú. El prójimo, por definición, es aquel que me puede tocar y al que puedo tocar; así es como se mide la proximidad, en relación al tacto. Como mínimo, se tratará de una proximidad espiritual (sería un contacto interior). Pero lo propio del tacto es ser recíproco: al tocar al otro me estoy dejando tocar y me experimento a mí mismo, la «mismidad» de mi cuerpo, de mi mano en esa relación. La cuestión profunda es la consistencia de los sujetos no como «nena» o «mi manzanita», es decir, el yo pasado por el rodillo, sino como personas a la vez irreductibles la una para la otra y vueltas la una hacia la otra. En Fabrice hay verdaderamente una persona única y una trayectoria única. Eso es todo lo que trato de afirmar aquí.

Gérard VARGAS

Cuando nos acercamos al final del debate y tras esta apasionante disquisición sobre la mística, nos gustaría saber lo que, al final, os une y os enfrenta en relación al problema inicial y a nuestra pregunta: ¿qué es la verdad?

El cardenal Walter Kasper define a Cristo como «un ser para los demás», es decir, como una apertura total a los otros. La verdad de Cristo estaría finalmente en eso. La verdad que nos ha enseñado a través de su propia actitud sería esa apertura a los otros. ¿Hay, al final, entre ustedes dos una diferencia fundamental entre, por una parte, una visión cristiana marcada por esta apertura hacia el totalmente otro que representa Cristo y donde se hallaría su verdad y, por otra, una forma de verdad quizá un poco más solipsista...

Fabrice MIDAL

¡Lo siento, pero no puede decir eso! ¡No he dejado de tratar de hablar desde un punto de vista distinto del sujeto y usted me habla de solipsismo! No puede haber solipsismo sino a partir del momento en que usted ha establecido un sujeto frente a otros sujetos y objetos. Ahora, no dejo de repetir desde el principio que nuestra identidad es absolutamente imposible de hallar y que el núcleo de nuestro ser es estar primordialmente abiertos; no un ser para los otros, sino más radicalmente estar abiertos cada vez, teniendo incluso que mantener abierta la dimensión de la presencia y de todo encuentro. Mi ser no está en mí como en una caja, no soy su poseedor. La apertura al otro como a un yo es más primordial que la filosofía clásica, tan lastrada por esta dualidad yo/otro que no puede imaginarla. Y temo que el mensaje de Cristo sencillamente no se entienda si se hace una lectura metafísica que se ha ido volviendo rígida poco a poco.

Lo siento, pero no puede usted llamarle a esto solipsismo.

Fabrice HADJADJ

Admito que no conozco suficientemente bien el budismo ni las enseñanzas de Chögyam Trungpa, pero creo que todo lo que ha dicho Fabrice corresponde también a un «ser para los demás»... Me pongo a su escucha. Sobre el budismo tengo todo que aprender de él. En cambio, quizá sería un tanto crítico con respecto a Walter Kasper, o más bien con respecto al eslogan al que aquí se reduce su pensamiento. Es cierto que mi motivación era mostrar que ser un sujeto vivo es ser para los demás, e incluso por los demás, pero eso no autoriza esa ambición absurda de definir a Cristo. Definir a Cristo, incluso como un ser para los demás, no es solo una reducción; es un asesinato. Cristo es Cristo. Es, para empezar, Jesús, hijo de María, que entra por José en una genealogía de sangre discernible en todos sus antepasados. Es, por tanto, esta persona única que nació en tal momento del tiempo, que vivió su Ascensión en otro momento del tiempo y que, en la gloria de su cuerpo, recapitula todos los momentos del tiempo. A menudo, filósofos y teólogos deberíamos entonar este Miserere: «¡Señor, perdónanos por haber hablado de ti como de una abstracción!

Haz que en mi boca no se oiga una dialéctica, sino un diálogo. Haz que no dé solo la impresión de un profesor, sino también la de un enamorado».

La verdadera pregunta es: ¿hablamos de Dios como de una generalización, como de un sistema? O ¿lo hacemos como quien habla de una persona que tiene nombre propio? La cuestión no es «ser para los demás»; la cuestión es yo, Fabrice, frente a usted, Georges... eeeh, no, no es Georges; es Gérard, ¿no? Eso, Gérard. Aquí estamos. Porque lo que importa es redescubrir el sentido del nombre propio, la irreductibilidad del nombre propio que designa a una persona única. Acuérdense de lo que les dice Jesús a los setenta y dos discípulos que regresan: «No os regocijéis de que los espíritus se os sometan, sino regocijaos de que vuestros nombres están escritos en los cielos» (Lc 10,20). Hay esta cosa extraordinaria. Cuando se habla del paraíso en el Canon de la misa, no se dice: «Haznos entrar en tu luz admirable para que desaparezcamos en ella como una gota en el océano», sino que el sacerdote pide: «Admítenos en la asamblea de los santos apóstoles y mártires», para recitar luego los nombres propios de una lista que el fiel sabe abierta, que podría alargarse cientos de horas y en la que debería, una vez escuchado la lista durante centenares de millares de horas, hasta su muerte, oír su propio nombre al final... ¡Eso es extraordinario! No se designa el Cielo con un concepto, sino con una asamblea de nombres propios. Y esto es lo que he intentado decir y lo que tengo que decir una y otra vez. Y no lo digo contra Fabrice. Lo digo más bien con él, con el otro, pero también contra un cierto supuesto cristianismo donde prima la moral, tal o cual teoría, tal o cual abstracción, y que pierde de vista la primacía del rostro, la primacía del encuentro, la primacía del acontecimiento.

Fabrice MIDAL

Lo que puedo decir es cómo yo, que soy budista, veo a Cristo. Cristo nace desnudo en un establo y lo que muestra es la desnudez más extrema de un indefenso.

Llega montado en un pollino y no en un bello corcel, una vez más en la pobreza y la desnudez más extrema. Muere en la cruz sin oponer violencia a la violencia y mostrándose de nuevo en la desnudez más extrema. Lo que entiendo por desnudez es ese surgir de algo que aparece siempre contra todo lo que podamos pensar y que nos desnuda. Esta desnudez es insoportable, la rechazamos. Sin embargo, esta desnudez es la única posibilidad de una existencia justa. Lo que me conmueve de Cristo, aunque no sea cristiano, es ese testimonio de que la desnudez es el único espacio donde es posible vivir. Porque escapar siempre de la desnudez, escapar permanentemente de esta herida de nuestro corazón —y nuestro corazón es herido sin cesar— es lo que nos mata, nos ahoga y nos hace vivir al margen. Es esta herida de la que ya no nos protegemos lo que me parece el punto crucial y lo que me conmociona del mensaje de Cristo. En un cuadro de Monet, por retomar el ejemplo que he tratado de exponer esta tarde, veo también esta desnudez extrema de un hombre que no sabe nada y que entra desnudo en la experiencia.

Es eso lo que quería decir.

Adeline GOUARNÉ

Fabrice Hadjadj y Fabrice Midal han hablado de algo imposible de definir: la verdad. ¿Cómo querrían concluir este intercambio en pocas palabras?

Fabrice HADJADJ

Querría felicitar a Fabrice Midal por haber hablado como san Jerónimo. San Jerónimo decía en una célebre máxima que hay que «seguir desnudo al Cristo desnudo». Se trata de una desnudez interior, por supuesto; no vamos a transformar esta catedral en un campamento nudista. Se trata de dejar nuestro corazón en carne viva, desnudo, y hacerlo no por la obscenidad cautivadora de un strip-tease, sino por la humildad enamorada de una confesión. Esta desnudez puede, además, vivirse perfectamente bajo el alba y la casulla y la capa de la institución... También el obispo de Ginebra, san Franciscos de Sales, retomaba las palabras de Jerónimo en una carta a Jeanne de Chantal: «Siento insensiblemente en el fondo de mi corazón una nueva confianza de servir mejor a Dios en santidad y justicia todos los días de mi vida; y así yo también me encuentro desnudo, gracias a Aquel que ha muerto desnudo para hacernos emprender el vivir desnudos». Pero ¿realmente hay que concluir? Yo creo que no hay que concluir. Incluso espero que aquí no hayamos hecho otra cosa que introducir.

Fabrice MIDAL

Para concluir, me gustaría citar una frase de Paul Claudel que, hablando de la religión sin religión que se impone en todas partes, decía de ella que era «algo así como el vino sin alcohol, el café sin cafeína y el tupinambo, que es el pariente pobre de la patata».

Gérard VARGAS

Gracias a nuestros dos contertulios.

AGRADECIMIENTOS

A Fabrice Midal y Fabrice Hadjadj, por haber aceptado participar en este debate.

Al ayuntamiento de Rouen, socio fiel del evento en el cuadro de las fiestas Juana de Arco.

A Annie Prieux, que se ha asegurado de la transcripción de los debates.

A Dominique Canu, intendente de la catedral, y a su equipo por su cálida acogida.

A Laura, Véronique, François, Guillaume y Lodric y a todos los que les han ayudado a poner en orden la catedral.

*Este libro se terminó de
imprimir en Madrid
el 11 de febrero de 2026,
beato Tobías Borrás Romeu*